日下部理絵

60歳からのマンション学

講談社+α新書

はじめに

分譲マンションが終(つい)の棲家(すみか)になる時代

　人生100年時代と言われるようになった昨今、いまの60代は、気力・体力ともに充実したアクティブシニアが多い。趣味や再就職など社会的活動をする一方で、そろそろ老後はどこに住むのが望ましいのか、所有している住宅はどうしたらいいのか、といろいろと模索しはじめる人も多いのではないだろうか。

　かつて日本には「住宅すごろく」と呼ばれるものが存在した。住宅すごろくでは、賃貸アパートなどからはじまり、分譲マンションを購入後、戸建てに買い替えることがゴールとされてきた。その背景には必ず地価は上昇し続けるという土地神話があり、実際に転売を繰り返しながら資産を大きく増やせた。住宅ローン減税やすまい給付金、住宅取得等資金に係る贈与税の非課税措置といった行政のさまざまな支援策もその後押しをしていた。

　しかし土地神話が崩壊した現在、かつての住宅すごろくの途中である分譲マンションを「終の棲家にしたい」という永住志向が高まっている。また、戸建てから分譲マンションに

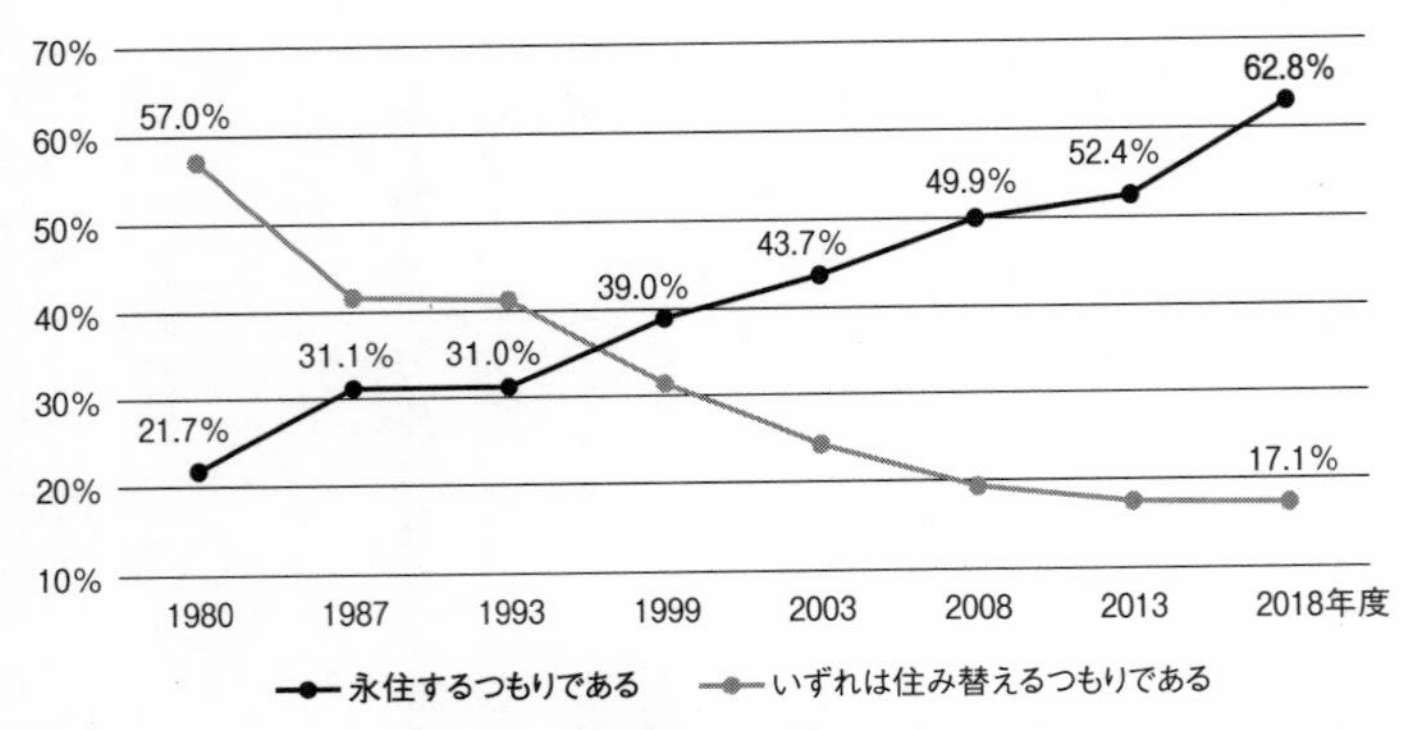

マンション住民への永住意識調査推移

国交省「マンション総合調査」2018年度より

買い替える人も多い。国土交通省がおよそ５年ごとに実施する「マンション総合調査」（最新は２０１８年度）によると、「永住するつもりである」が過去最高の62・８％（２０１３年度より＋10・４ポイント）という結果が出ている。

そんな分譲マンションだが、国交省によると、約６７５万戸（２０２０年末時点）あるといわれている。そして、マンションの居住人口は約１５７３万人と推測される。つまり、いまや日本に住む約８人に１人がマンションに居住している。とりわけ都心部においては、分譲マンションに住むという居住形態は、一般的とすらいえる状況になりつつある。

実際、分譲マンションの世帯主は、前出の「マンション総合調査」によると、60歳代が27％と最も多く、次いで50歳代が24・３％、70歳代が19・３％、40歳代は18・９％とされる。30歳代以下にいたって

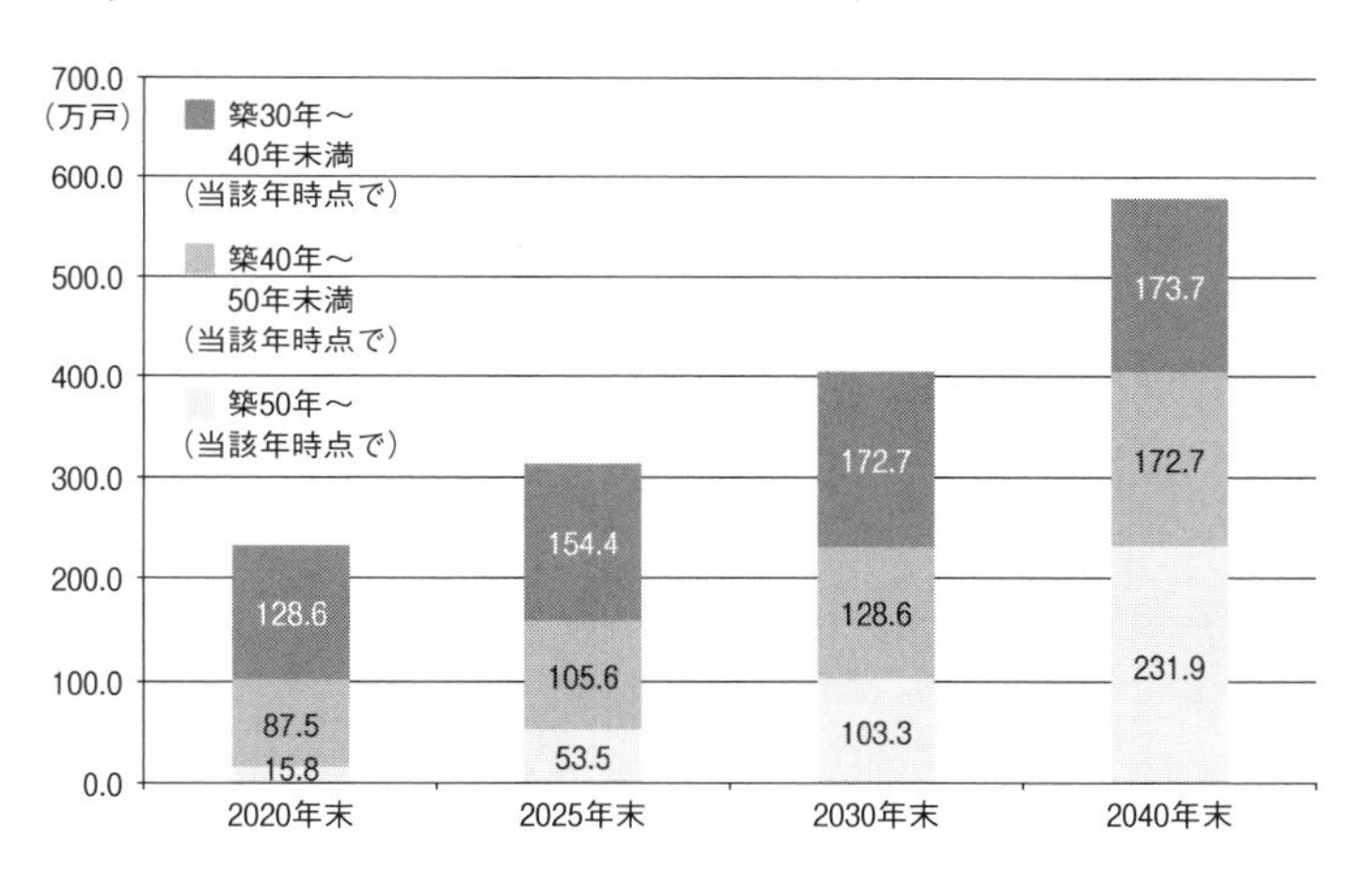

築後30、40、50年超の分譲マンション戸数

国交省2020年末

は7・1％で前回調査7・8％より減少する一方で、70歳代以上は18・9％から22・2％へと増加しており、居住者の高齢化が着実に進んでいる。

なお、完成年次が古いマンションほど70歳代以上の割合が高くなっており、1979年以前にできたマンションだと、世帯主が70歳代以上の割合は47・2％にものぼる。

築古マンションも増えている。2020年末時点における分譲マンション約675万戸のうち、築30年超のマンションは約34％の232万戸、築40年超も103万戸（マンションストック総数の約15％）ある。

しかも、2030年末には築30年超が約405万戸、築40年超がいまの約2・2倍の232万戸、さらに2040年末には築30年超で５７８万戸、築40年超のマンションでは、いまの約３・９倍の４０５万戸にもなると言われている。

一方、近年新築マンションの供給戸数は頭打ちになっている。２０１１年〜'20年の供給総戸数は１０５万戸、１年当たりだと平均10・５万戸と計算できる。'06年は20・５万戸、'07年では22・７万戸だった供給戸数を考えると、いまの新築マンションの供給がいかに少ないか、おわかりいただけるであろう。

ここで試算してみたい。これからも同じペースで供給され続けると仮定した場合、２０２０年から'30年までの10年で１０５万戸の新築が誕生し、２０２０年の６７５万戸のストックとあわせて、10年後のマンションストック戸数は約７８０万戸。このうち築30年以上は、約52％にあたる４０５万戸と推定できる。

つまり、10年後に分譲マンションを購入しようとすると、２部屋に１部屋が築30年以上ということになるのだ。

日本人の既成概念とされる「新築神話」もまた、崩壊の一途をたどり、マンションを買うなら「築30年以上の中古マンション」というのが一般的になってくる。すでにいま売れているのは新築マンションではなく中古マンションである。

これらのデータをあわせると、築古の高経年マンションに、高齢者が数多く住んでいるのが、2030年のマンション近未来予想図ということになる。建物も人間とともに年を重ね老いていく。これが俗にいう「二つの老い」である。

「二つの老い」にどう備えるか

人も建物も老いると、いろいろな問題が起きる。

高齢になれば、程度の差はあれど誰もが足腰は弱くなる。部屋内、共用部分ともに段差が多くフラットではないマンションは、自身が住むうえでも辛いし、将来を考えても需要が見込みにくい。その他にも、段差にスロープなどがなく車椅子の利用が不便、エントランスに車が横付けできない、身体障害者用の駐車場がない、エレベーターがないマンションにいたっては致命的だ。身体が動かなくなった後、もっと便利なところに引っ越そうと思っても、その頃には気力も減退、年金暮らしで捻出できるお金もないということになりかねない。

マンションもまた、維持するうえで必ず必要になる大規模修繕、そのうち必要になる建替え問題、賃貸化・高齢化による管理組合役員のなり手不足、管理費等の滞納者の増加、独居高齢者の孤独死などなど、高経年マンションに関する問題はあげ出したらきりがないし、すでにこれらは深刻な社会問題になりつつある。

合意形成という難関

マンションは戸建てのように自らの懐(ふところ)具合や人生のタイミングで修繕したり、更地にしたりできるわけではない。常に管理組合による合意形成というものがついて回ってくる。自分のマンションでありながら、自らの希望が必ず通るわけではない。マンションはすべてが多数決で決まる民主主義の世界なのだ。

人には、人生それぞれのタイミングがある。たとえば、いままであれば、新築マンションを購入するタイミングは、新婚時や一人目の子供が小学校に入学する前というのが一般的であった。そのため、人の老いとともにマンションも老いていき、住宅ローンの完済や年金の支給など、どことなく懐具合も似通った住民が集まることが多かった。

しかし、いまは販売価格の高騰などから、特に都市部では新築より中古マンションのほうが売れている時代である。すると同じマンションの中で、さまざまな年代や懐具合の人たちが新たな住民として加わる。住民が若返ることは、マンションが活性化して好ましい一方で、人生のタイミングがあわないことも多い。

同じマンション内に、独身者、子供が小さな若夫婦、年金暮らしの老夫婦、独居の高齢者などが存在する。

たとえば年金暮らしで毎月の管理費等の支払いがやっとの住民に、値上げや一時金の話をしても、すんなり合意形成が得られるわけがない。「マンションは管理を買う」と言えど、大規模修繕での費用負担でもなかなか合意が得られない。

思うように足並みが揃わなければ、自分のマンションでありながら、「マンションはいったい誰のモノなのか」という認識になり、より悪循環に陥りやすい。

極端な場合、もし合意形成がうまくできなければ、スラム化や2021年6月に起こった米国フロリダ州でのマンション崩壊のような事態にいたる可能性だってある。

マンションを終の棲家にする時の正解とは

マンションに集まって住むことは、利便性や安全性など良いことがある一方、そもそもマンションという住まい方や所有者まかせの運営形態に限界がきているのも事実である。

購入することばかりに、優遇措置を与え続け、後先考えずハコモノを造り続けることを推奨し続けた国の責任は大きい。しかし、われわれ住民も将来にわたって安全・安心・快適に住むという概念が乏しく、マンション管理をないがしろにしてきたツケがいま回ってきている。マンション問題は、社会の縮図そのものである。

これらから、従来の住宅すごろくはすでに崩壊し、分譲マンションがゴールとされる、人生100年時代に対応できる「新・住宅すごろく」の模範解答を出すことが急務であるといえる。

人生の終焉に向けて、所有しているマンションとどう向き合うのが正解なのか。マンションにはいつまで住めるのか、維持費はいくらかかるのか。そもそもマンションはいったい誰のものなのか。実際にさまざまな人々の老後で起こった事例から正解を読み解いていく。

誰もが迎える老後、誰もが必要な住まい。ここを通過しなければ、安心できる老後を迎えることはできない。

本書では、「二つの老い」に立ち向かうさまざまな事例を先にあげ、その後「事例からわかること」を解説しています。

人生100年時代、皆さまの安全・安心・快適なマンションライフの道標（みちしるべ）として、本書をご活用いただければ幸いです。

60歳からのマンション学／目次

事例2　夫婦二人になり、駅近マンションに買い替え

事例からわかること

事例3　あわや負動産。バリアフリーマンションへの引っ越し

事例4　買い替えよりもフルリノベーションを選択

事例5　終の棲家として買ったはずの住居で思わぬトラブル

事例6　空き駐車場問題に理事長として奮闘

事例7　戸建てを売りタワマンを購入したものの……

事例8 大規模修繕のお金がない?!

事例1

一人暮らしになって分譲マンションから賃貸へ

物件概要…3DK　68・3㎡／10階建て8階／築45年56戸／最寄り駅　徒歩2分
資金概要…住宅ローン完済済み
家族構成…女性73歳一人暮らし、別居の長男44歳（既婚）

夫に先立たれ、終の棲家と思って住んでいた分譲マンションを手放し、賃貸マンションに住み替えることにした女性。条件の良いUR物件も見つかり、夫の名前から命名したペットのケンちゃんとともに新生活が始まるところだったが、気がかりな点がひとつ残っていた……。

パートナーの他界、ペットを飼いたい、住み替え

夫の急死

都内のマンションに住む和田信子さん（仮名）は、25歳の時に友人の紹介で知り合った5歳年上の賢治さんと恋に落ち、信子さん27歳、賢治さん32歳の時に結婚をした。結婚の際に両家のすすめもあり、いまでも住んでいるマンションを新築で購入した。購入にあたっては、両家が結婚祝いにと頭金を出してくれ、とてもありがたかったのを覚えている。

新居に引っ越し後、まもなく妊娠が判明し、男の子が誕生した。正しく明るく育って欲しいという願いを込めて、正明と命名した。

そんな正明さんも44歳になる。正明さんは職場で出会った恵子さんと結婚し、小学生の男の子と女の子の子供がいる。信子さんにとっては、そりゃあもう自分の子供である正明さん以上に孫が可愛くて仕方がない。

信子さん、賢治さんご夫婦は近所の人も羨（うらや）むぐらい夫婦仲が良かった。特に正明さんが、就職を機に実家マンションを出てからは、よく二人で近所のショッピングセンターに出

かけたり、映画を観に行ったりした。賢治さんが定年退職してからは、バスツアーや海外旅行にもよく行ったものだ。

そんな和田さん夫婦に、悲劇が襲う。健康そのものだった賢治さんが、心筋梗塞で倒れ帰らぬ人となる。あまりにも突然過ぎて実感が湧かないにもかかわらず、葬儀の準備や生前親交があった方への連絡など慌ただしい日々が過ぎていく。

ようやく落ち着いたある日、部屋の中を見渡すと、賢治さんの物や、思い出の品がいっぱいだ。本当に賢治さんは亡くなったのだろうか？　少し出かけているだけでは？　賢治さんの匂いが残るパジャマを抱きしめながら、「賢治さん、今日は何時に帰ってくるの？　ご飯は何が食べたい？」とつぶやく。当然ながら返事はない。次から次へと溢れてくる涙。賢治さんに会いたい。賢治さんのいるところに私も行きたい。毎日泣き崩れながら、疲れて寝る日々をくる日もくる日も過ごした。

ときおりご近所の人や賢治さんと一緒に習っていたカルチャースクールの仲間が心配し連絡をくれたり、訪ねてきたりする。他愛もない話をして帰っていくだけだが、優しさが伝わってくる。

正明さん家族も電話や、週末になると孫を連れて頻繁(ひんぱん)に遊びにくる。ときおり、正明さんの後ろ姿が、賢治さんと重なって、切なくなることがあった。

賢治さんが亡くなってからまもなく1年。悲しんでも賢治さんは戻ってこない。泣いてばかりの私じゃ賢治さんは嬉しくないだろうと思えるまでになった。時間はかかったが、ようやく現実を受け止めることができたのだ。

マンションでペットは飼えるのか

そんなある日、正明さんが「母さん、犬とか飼うのどうかな?」

「えっ?　犬?!」

「可愛いだろうし、癒やされると思うんだよね。良かったら俺と恵子でプレゼントさせてよ」

「う〜ん。ちょっと考えてみるわ。ありがとう」

信子さんの落胆ぶりを見て、正明さんと恵子さんで相談しての提案だった。猫ではなく犬を提案したのは、散歩などの外出で家にこもりっきりにならずにすむだろうと思ったからだ。

信子さんは、突然、犬と言われて驚いたものの、子犬の動画を見たり、ペットショップに行って抱っこしたり、犬を飼っている知人に「飼うのは大変なの?」「私でも飼えるの?」と聞いたりした。何よりワクワクしている自分自身に驚きと嬉しさがこみ上げてくる。

そんなある日のこと、信子さんがゴミ捨てに行く際に、ふと掲示板を見るとペット飼育についての注意文が貼り出されていた。もしかして……と嫌な予感がする。あわてて管理員さんに聞いたところ、当マンションではペット飼育はできない。ただし「ペット飼育可」にしたい、という意見は多く、現在、管理組合の理事会で検討中だという。

いままで気にも留めなかったが、このマンションは「ペット飼育禁止」だったのだ。飼っていた人を見かけたこともあったのに……。正直ガッカリしてしまった。

正明さんにそのことを伝えたら、「ペット飼育可にする検討中なら、少し待ってみたら？その間にどんなペットにするかじっくり考えたらいいんじゃない。一度ペットショップに行ってみようよ」と言ってくれた。

まもなくして、管理組合から「ペット飼育に関するアンケート」が送られてきた。信子さんは、当然ながらペット飼育可「賛成」に○印を付け、管理組合のポストに投函した。翌月には、理事長名でアンケート集計結果が示された。ペット飼育希望者が多く、「どちらでもいい」をあわせると80％を超えるため、次の総会に向けて理事会で検討するという。

それから6ヵ月ほど経った管理組合の通常総会の案内を見ると、ペット飼育可にするための「管理規約改正とペット飼育細則制定について」提案する議題があった。これでようやく子犬が飼える！　とても嬉しかったのを覚えている。

いままでは賢治さんに任せきりで、マンションの総会にはあまり出たことがなかったが、今回は出席してみることにした。すると、ペット飼育の議案になった途端、激しい意見が飛び交ったのだ。

組合員１「いままで通り、ペット飼育禁止がいいです。私の家族で重度のペットアレルギーを持つものがいるんです。わざわざ、ペット禁止だというから築古だけどこのマンションを購入したのに。お願いします。このままペット禁止がいいです」

組合員２「私はペット飼育可に大賛成です。子供が飼いたいと言っており、子供の教育のためにも飼いたいです」

組合員３「私は外部に居住しており、賃貸に出しているのでどちらでもいいですが、正直なところ、ペット飼育可のほうが賃料が高くなり資産価値が上がると思います」

議長による採決の結果、出席者、委任状や議決権行使書もカウントしたが、わずかに４分の３に届かず否決されてしまった。ペット飼育可にするには、管理規約の改正が必要で、組合員総数と議決権総数のそれぞれ４分の３以上の承認が必要なのだ。

承認されなかったのは、ペット飼育について「どちらでもいい」と思っていた組合員が、ペットアレルギーの人に同情をして棄権や否決に動いたのが理由のようだった。信子さんは、ガッカリして、正明さんにも結果を伝えた。ちなみに規約改正が承認されれば、ペット飼育細則の議案は、出席組合員の議決権の過半数で決めることができた。

売却手続きと年齢で難航する賃貸探し

その後、正明さんと何度も相談を重ねて、いまのマンションは一人で住むには広すぎるし、ペット飼育可の賃貸マンションに引っ越そうということになった。

正直なところ賢治さんとの思い出が詰まった部屋を引き払いたくはない。それに正明さんが生まれ育った実家ともいうべきマンションを売ってもいいものか。一方で、３ＤＫに一人暮らしは辛いという思いもある。

そんな時に正明さんが、「俺はね。実家がなくなるのは寂しいけど、それより母さんが寂しそうにしてるのが何より辛いんだよ。一緒に住むのもいいけど、気を遣うだろうし。それに慣れた街のほうが友達も病院も、買い物も楽だろう?」。最後はそんな正明さんの思いに背中を押された。

幸い住宅ローンの返済も住んでおり、マンションを売却できたお金を老後資金にもあてられそうだ。

ペット飼育可の物件に住み替えるには、いまのマンションの売却と住む物件探しをしなければいけない。まずはマンションを売却する手続きから始めることになった。

いままでずっと同じマンションに住んでいたため、正直なところ、どう売却していいかわからない。正明さんの大学の同級生に、不動産屋をしている人がいるというので、まずはその人に相談してみることにした。正明さんとは、サークルが一緒だったそうだ。

とても親身に相談に乗ってくれ、安心してお願いできそうなので依頼することにした。しかも、「当社としては、うちだけに依頼していただけると嬉しいのですが、専任で依頼するより、数社に『一般媒介契約』で出すほうがいいですよ」とのアドバイスもくれた。具体的には、3社程度がいいそうだ。あまりたくさん出すと、物件に何かあると思われたり、売り急ぎと思われるなど、足元を見られやすいのだそうだ。

アドバイス通り、正明さんの同級生の親切な不動産屋と、テレビCMも流れる大手の不動産屋、よくポストにチラシが入っているマンションの近くにある地域密着の不動産屋の3社に依頼することにした。不動産屋との契約期間は、通常3ヵ月だという。

同時に、引っ越しする賃貸マンションを探すことになった。いまのマンションの近くで、1LDKを中心に探してみる。こだわりはないが、友達の家や病院に通いやすく、広すぎない間取りがいいかなと思う。環境はあまり変えたくない。ペットが飼えると理想的だ。スマホやタブレットを使って、SUUMOやHOME'S、at homeといった不動産情報ウェブサイトで検索してみる。条件を入れて検索するのはとても楽しい。いろいろな部屋があるものだなと感心してしまう。

家賃や間取り、写真などを見て気になる物件を扱う不動産屋へ連絡してみる。正明さんも立ち会える週末に3物件を内見することになった。その中で分譲賃貸のマンションが特に気に入り、申込書に記入した。

その申込書を見た途端、不動産屋の担当者の顔色が変わるのが伝わってくる。

「お若く見えるので気が付きませんでしたが、正直申し上げますと65歳を超えますと賃貸マンションを探すのは一般的に困難を極めます。ただし、本物件は分譲賃貸ですのでオーナー様のご意向次第かと存じます」と言われ、オーナーの判断を待つことになった。

それから数日後、不動産屋から「理由はわかりませんが、今回は見送りさせてください」との連絡が来る。

その後も気になる物件を内見し、申し込みを何度入れるも断られてしまう。息子を保証人にしたり、保証会社を通すと言っても借りられる物件がないのだ。

URに落ち着く

そんな時、カルチャースクールの仲間から、だったらUR（独立行政法人都市再生機構）とか、JKK東京（東京都住宅供給公社）はどうかな、という話を聞く。

早速、URのウェブサイトで物件を検索してみる。隣の駅ではあるものの、内装がとてもスタイリッシュで気になる物件を見つけた。聞くとURは先着順で年齢による制限もないということで、迷わず申込書を書いた。

すぐに入居可能の連絡が届いた。ようやくかと安堵した。

はじめての賃貸マンション探しはワクワクする一方、敷金や礼金、仲介手数料といったお金がかかることに驚きっぱなしだった。ただ、入居可能になったUR賃貸は、月額家賃の2ヵ月分の敷金はかかるものの礼金なし、仲介手数料もかからないという。そのうえ一般的に2年に一度支払う更新料もなし。しかも保証人不要で、保証会社に支払う費用も軽減できていいことづくめだった。なかにはタワーマンションや無印良品とリノベーションに取り組んだおしゃれな部屋もあってとても驚いた。

あとは引っ越しの準備だ。日頃から掃除をしているつもりだったが、物の多さに驚かされる。正明さんの幼少の頃の写真を見ては、思い出が蘇る。あの子がはじめて話した言葉は、「パパぁ」だったわね、なぜ私じゃないのかしらと拗ねたのを思い出し、笑いがこみ上げる。賢治さんとのデート写真もあった。たくさんの写真を見ながら、この人と結婚して良かったんだと心から思えた。

まもなくしてUR賃貸に引っ越しをした。ペット共生を条件に探したため、ペット飼育もできる。念願の子犬を飼う夢がようやくかないそうだ。あとは愛着のあるマンションを売るだけ。じつは住まいながらの売却活動は、幾度となく内見があったものの成約にはつながらなかった。信子さんが引っ越し空室にすることで売れやすくなるかもと期待している。

空き部屋になってから、3組のご家族が内見にいらした。いずれも立地、価格ともに良いというが、内装が古いこと、旧耐震なのが、気になるという。

なんだか、いままでの生活、人生をも否定されたようでショックだ。その後も複数内見に来たが、同じような反応である。

買い取り専門の不動産業者

信子さんが途方にくれていたある日、買い取りを専門とする不動産業者から現在の売値から1000万円ほど値引きをした金額で買い取りしたいという連絡があった。さすがに1000万円は難しいというと、800万円引きならいかがでしょうか？　という。市場価格と比較すると25％ほど安いそうだが、売れないよりは良いと思い不動産業者に売ることにした。

契約が済み引き渡し日の前日、一人で自宅マンションを訪れた。こんなに広かったかな。壁のキズすら思い出がこみ上げてくる。この家でたくさんの幸せがあったんだな。ありがとうと心でつぶやき、今度は声に出して「ありがとうございました！」と深々と一礼をして、そっとドアを閉めた。これが最後の鍵閉めだ。

数ヵ月後……。フルリノベーションされたマンションの売却情報を見かけた。売却した価格より１０００万円以上高い価格で売りにだされていた。複雑な思いがした一方で、見違えるほどキレイになったわが家が誇らしくもあった。

結局、売却するのに８ヵ月も要したのだ。時間はかかったが、無事に住み替えできホッとしている。隣の駅とはいえ、生活環境はそれほど変わらない。習い事も病院もいままで通り通えている。

いまは、息子家族に買ってもらったミニチュアダックスフンド（生後半年）のケンちゃんと、楽しい毎日を送っている。

事例からわかること

ペット飼育はマンション３大トラブルのひとつ

信子さんのように、ペット飼育意向のある非飼育者の阻害要因として、調査によると「集合住宅に住んでいて禁止されている」が、犬で24・３％、猫で34・３％にもなる。

いまでこそ、新築マンションのほとんどがペット飼育可だが、いまだ築古マンションではペット禁止も多い。ペット飼育可の分譲マンションが主流となったのは２０００年代以降とされる。不動産経済研究所の「首都圏におけるペット飼育可能な分譲マンション普及率調査」によると、調査を開始した１９９８年に販売された新築マンションでペット飼育可は、たった１・１％しかなかった。それが２００２年には30％、'04年には50％を超え、'07年には86・２％まであがっている。その背景には、１９９７年に国土交通省が中高層共同住宅標準管理規約の改正で、ペット飼育を「規約で定めるべき事項」と記載し、ペットに関する規約をつくるよう促したこともあげられる。以降、新築マンションでペット飼育可が主流になってきたことを受けて、既存マンションにおいてもペット禁止から飼育可へとルール変更をするマンションが増えている。

こうしてマンションでペット飼育が普及する一方で、ペット飼育がマンショントラブルの上位を占めることも多くなった。

ちなみに国土交通省実施の「平成30年度マンション総合調査」によると、トラブルがないマンションは23・２％しかなく、何らかのトラブルを抱えているマンションが増加している。発生したトラブルについては、居住者間の行為、マナーをめぐるトラブルが55・９％と最も多く、次いで建物の不具合に係るトラブルが31・１％、費用負担に係るトラブルが25・

5％となっている。「居住者間の行為、マナーをめぐるトラブル」のうち、平成30年度調査では生活音が38・0％と最も多く、次いで違法駐車・違法駐輪が28・1％、ペット飼育が18・1％となっている。この「生活音（騒音）」「違法駐車・違法駐輪」「ペット飼育」は、「マンション3大トラブル」といわれている。

マンションのルールを変える手続き

ペット禁止からペット飼育可にするには、マンションでのさまざまな決まり事が記載されたルール集ともいえる管理規約や使用細則の制定や変更が必要である。

新しくルールを作ったり、一度決められたルールを変更する一般的な流れとしては、

○理事会で検討、必要に応じて専門委員会を設置し検討する
○アンケートを作成し配布、集計し結果を報告
○必要に応じて説明会
○総会に諮る。管理規約の制定や変更は、総会に議題として上程し、特別決議での承認が必要。特別決議の要件は、組合員総数及び議決権総数の各4分の3以上の賛成がいる（使用細則の制定や変更であれば、普通決議で出席組合員の議決権の過半数の賛成でよい）。

信子さんの事例ではアンケートの集計の結果、ペット飼育希望者が多くどちらでもいいをあわせると80％を超えていたため、説明会などは開催せずに、総会に議題として上程した。しかし、アンケートを除いては、区分所有者（組合員）が意見を発言する場所がなかったため、総会当日にさまざまな意見が飛び交うこととなった。

たとえば、同じアンケートでも意見を書く欄を大きくとったり、総会前に全体に向けた説明会を開催したり、「〇月〇日にペット飼育について話し合う理事会を開催するので意見がある方は参加してください。日程があわない方や言いづらい方は、管理員さんに言付けや管理組合用ポストか目安箱に投函してください」など、開かれた理事会として多くの意見を取り込めていればまた結果は違ったであろう。

また忘れてはいけないのは、マンション内のルールは合意形成によって変更されるということ。今回は否決されたが、信子さんのマンションも時間がたてば、「ペット飼育可」になる可能性もある。

不動産売却の第一歩は不動産屋探し

不動産屋には、売買に強い、賃貸に強い、そもそも売買しかしていない、その地域に強いなどさまざまな特色がある。

売買に強い不動産屋のなかで、信子さんのように大手、地域密着、よくチラシが入る不動産屋など3社程度に依頼するのがいい。またマンションを購入したデベロッパー系列の不動産屋、仲介してくれた不動産屋もおすすめである。その際に、チラシを作成し投函する、独自サイトやSUUMOなどに掲載するなど、どんな売却活動をしてくれるか、またどんなウェブサイトに掲載されるかを確認してから、かぶらない不動産屋に分散して依頼するのもひとつの手だ。

あまり多くの不動産屋に依頼しすぎると、同じウェブサイトにたくさん物件情報が掲載され、この物件は、売れ残りや売り急ぎ物件、もしや事故物件かと買い手候補に敬遠されてしまう可能性がある。

なお、3社など複数に依頼するのが一般媒介、1社のみに依頼するのを専任媒介と専属専任媒介という。ある調査によると一般媒介を選んでいる人は44・8%、専任媒介を選んでいる人は38・9%、専属専任媒介16・3%と一般媒介を選んでいる人が多い。一方で、早く売却できたのは半年未満でみると、専任媒介46・0%、一般媒介で35・3%とされ専任媒介のほうが早く売れる傾向がある。

専任は1社としか媒介契約ができず、売却できた場合は確実に仲介手数料がその不動産屋に入るため、一般媒介の物件よりおすすめするなど、積極的な売却活動をするのが早く売れる理由だといわれる。ただし積極的な活動をしてくれない不動産屋にあたってしまった場合、媒介契約期間の3ヵ月間を無駄にする可能性もある。

なお、仲介手数料は一般的に成約価格の3％＋6万円に消費税（宅地建物取引業法による上限）だが、なかにはそれより安い不動産屋や、ハウスクリーニング無料、設備点検や軽微な修理なら無料など特典が付く不動産屋もある。よく確認してから媒介契約を締結すべきである。

ホームステージングしたり空室のほうが売れやすい

物が多くごちゃごちゃした生活感ある部屋は極めて売れにくい。日頃からインテリアコーディネーターが手掛けたような洗練された部屋に住んでいない限り、空室物件のほうが売れやすい。

一定期間住みながら売却できないなら、かぶる期間分、維持費はかかるが、先に新居を見つけて空き部屋にしてから売却活動をしたほうが売れやすく値引き交渉もされにくい。

不動産屋によっては空室をモデルルームのように家具や照明、小物を無料で設置してくれることもある。これを「ホームステージング」という。ホームステージングには大型家具の搬送など手間暇がかかるため、行っている不動産屋と行っていない不動産屋がある。

粗大ゴミに関しては、リサイクルショップやメルカリなどを利用して売却したり、地元の掲示板ジモティー等を利用し無償で提供するなどの方法がある。リサイクルショップも切手やコイン、レコード、ブランド品などジャンルによってさまざまなお店がある。時間が許す限り高価買い取り店を探すのも手だ。

捨てる場合は、まずは行政が運営する粗大ごみ受付センターを活用するとよい。電話やネットでゴミの品目と手数料を調べることができる。

また、ウェブサイト「くらしのマーケット」(https://curama.jp/) では、ハウスクリーニングや不用品回収、遺品整理に至るまでさまざまな専門業者が登録している。業者と直接チャット感覚で手軽にやり取りできるのが魅力だ。業者によっては配送料や産廃物処理手数料などもあわせて安価に不用品を回収してもらえることがある。筆者も利用したことがあるが、安価なうえ手軽でとてもよかった。

ただし、なかには不用品回収にあたって、当日金額を変えるなど、高値に釣り上げてくる業者もいる。よく比較検討し事前見積額で当日変更がない業者を選ぶようにしたい。

分譲マンションの6・5戸に1戸は旧耐震基準

現在全国のマンションストック総数は約675万戸（2020年末時点）。このうち信子さんも売却する際に苦戦した旧耐震基準のマンションは約103万戸。ストック総数の約15・3％にあたる。つまり、分譲マンションの約6・5戸に1戸は旧耐震基準のマンションなのである。

旧耐震基準は、「震度5強程度」の揺れでも建物が倒壊せず、破損しても補修することで生活が可能な構造基準である。建築確認日が1981年5月31日まで。一方で新耐震基準は建築確認日が同年6月1日以降で、震度6強、7程度の地震でも倒壊しないことを求められる構造基準をいう。'95年の阪神・淡路大震災では最大震度7を記録したが、旧耐震の建物は、新耐震の建物と比較して11倍大破した数が多かったとされる。

そのため旧耐震基準の物件というだけで、住宅ローン審査が通らなかったり、住宅ローン控除の利用が難しかったり、贈与税免除が適用されなかったり、保険料が割り増しされたりする。何より大地震の際に人命を損なう崩壊リスクを伴う。買う側からすれば、頻発する地震に備えて旧耐震基準の物件は避けたいと思うのが心情だろう。

立地が良い、リノベーションされている、安価などの魅力がない限り、旧耐震基準というだけで敬遠されて、売却には苦戦する可能性が高い。

同じ不動産屋でも、仲介と買い取りはまったく別物

信子さんは、仲介で買い手を見つけようとしたが一定期間見つからなかったため、最終的に不動産屋による買い取り制度を利用した。

同じ不動産屋が窓口でも、不動産屋が仲立ちして買主に売却する仲介と、買い取りはまったく違う仕組みである。

買い取りは仲介手数料がタダな反面、相場価格の30％引き程度になることが多い。25％だった信子さんは、上手に交渉できたのだ。買い取りした不動産屋は、さらに他の不動産屋に転売したり、リフォームやリノベーションをして再販することが多いのだが、なかには賃貸物件として貸し出し、その賃貸中の物件を利回り物件として売り出すこともある。

買い取りできる不動産屋は、仲介専門より数は減るものの買取専用の一括サイトを利用したり、不動産買取業者ランキングなどとネット検索すると調べることができる。信子さんは比較検討しなかったようだが、仲介同様、複数に依頼することをおすすめしたい。

なお、一定期間は仲介で販売し売れなかった場合、あらかじめ決められていた金額で買い取りする「買い取り保証付き仲介」もあるが、確実に現金化できる一方で足元をみられ安い

価格で買い取りされることがある。手間暇はかかるが、仲介と買い取りは別々の業者で必ず複数社とコンタクトをとり比較することをおすすめしたい。

信子さんの場合、相場より安くてもリフォームなどせず現況で買い取りしてもらえたので手間暇が最小限で済んだのは良かった点であろう。また住宅ローンを返し終わっていたので残債を気にしないで手放せたのも良かったといえる。

不動産はタイミングも大きいが、時間と手間暇をかけると、より良い解決策が見つかることも多い。信子さんのようにあきらめない姿勢が大切だ。

UR賃貸のメリット・デメリット

一般的に60歳以上になると、賃貸物件が借りにくいといわれる。それは大家（オーナー）の意向と保証会社の審査が関係している。

国土交通省が公表する「家賃債務保証の現状」の調査によると、大家の約６割が高齢者（60歳以上）に対して拒否感を持っている。また賃貸借契約の約97％において、何らかの保証を求め、うち約６割が家賃債務保証会社を利用。それは近年の、高齢単身世帯の増加や人間関係の希薄化等が背景とされる。

実際に一昔前は、賃貸物件を借りる際は親族などの連帯保証人が必要だったが、近年では連帯保証人を立てる代わりに、保証料を払って保証会社を利用するケースが多い。保証会社は全国に１００社以上あり、エポスカードなどの信販系、ジェイリースなどのＬＩＣＣ（一般社団法人全国賃貸保証業協会）系、カーサなどの独立系に大別される。

賃貸保証料の相場は、１ヵ月の総家賃の50％とされる。たとえば、家賃９万８０００円＋管理費１万円の物件なら、10万８０００円の50％で５万４０００円。また入居後も１～２年ごとに更新保証料が必要である。

審査基準や保証料は会社によってさまざまだが、賃貸物件を取り扱う不動産屋が指定することが多く選べないことが多い。

また、同調査によると保証会社の審査に30代で75・５％、40代で73・６％が「通りやすい」に対して、70代では22・６％にまで減少。それどころか、60代で28・３％、70代で26・４％も「審査落ちが散見される」という結果が出ている。「審査落ちが多い」もあわせると、60代で35・８％、70代でも35・８％と、高齢者は審査が通りにくい。

つまり、ようやく貸してくれそうな物件を見つけても保証会社の審査落ちもありえるわけだ。

その点、ＵＲ賃貸であれば、まず年齢だけで貸してくれないということはなく、本人確認のみで保証人や保証料は不要。礼金・仲介手数料なし、更新料も不要と、費用面での負担が少なく高齢者にとってありがたい賃貸である。また、特別募集住宅（住んでいた人が物件内で亡くなった住宅）なら入居から1年または2年間、家賃が半額に割り引かれることもある。ちなみにJKK東京は、東京都が出資する特別法人で、礼金・仲介手数料・更新料なし。家賃はUR賃貸より安い傾向にある。

UR賃貸にはデメリットもある。敷金が家賃の1ヵ月分の物件もあるなかで、2ヵ月分必要。民間の賃貸住宅に比べて物件数が少ないので選択肢が限られ、エリアによっては物件すらないこともある。また築40年を超える築古物件も多く、物件によってリニューアル内容に差がある。しかも無印良品・イケアとのコラボや、タワーマンションなど、人気がある物件では競争率が高く先着順であるため、タイミングによってはいつまで経っても入居できないこともある。

さらに内見は基本的に1回のみ。仮申し込みの翌日から1週間以内に内見と本申し込みをし、さらに本申し込みから1週間以内に契約する必要がある。スケジュールが慌ただしくじっくり比較検討できないのだ。

事例2

夫婦二人になり、駅近マンションに買い替え

物件概要…３ＬＤＫ　86・４２㎡／12階建て7階／築22年45戸／最寄り駅　徒歩10分
資金概要…住宅ローン返済中
家族構成…夫58歳、妻56歳の二人暮らし、別居の子供２人（長男28歳、長女26歳）

はじめての管理組合の役員就任後、管理費等を長期滞納している住民がいることを知る。このままこのマンションに長く住み続け、２回目、３回目の大規模修繕を迎えても大丈夫だろうかと心配しているなか、不動産一括査定サイト経由で頼んでいた自宅マンションの査定価格が出た。

買い替え、管理組合役員、大規模修繕、長期滞納問題

夫婦二人では広すぎる

都内のマンションに住む加藤圭司さん（仮名）は、大学卒業後から大手化学メーカーに勤務している。

圭司さんと2歳年下の陽子さんは職場で知り合った。陽子さんは短大卒業後に就職したため、圭司さんとは同期入社、研修やイベントなどで過ごす時間が多く自然と交際にいたった。順調な社内恋愛の末、圭司さん27歳、陽子さん25歳の時に結婚をした。

結婚後、圭司さんは社員（独身）寮から、陽子さんは実家から、社宅へと引っ越しをした。結婚後もしばらくは共働きをしていたが、陽子さんは長男の妊娠を機に退職。その後、長女にも恵まれた。

社宅生活は思いのほか快適だったが、４人では狭いと感じ長男の小学校入学をきっかけにいま住んでいる３ＬＤＫのマンションを新築で購入した。約10年間の社宅生活で浮いた家賃相当を貯金に回せたため、１０００万円近い頭金を購入時にあてることができた。新築で購

入したマンションは、駅から少し遠いことを除けば快適そのものだった。

現在、長男の翔太さんは28歳、大学入学時に実家マンションを出てから、アパートでずっと一人暮らしをしている。当初は翔太さんに一人暮らしはできないんじゃないか、すぐに戻ってくるのではと思っていたが、気が付けばもう10年。学生生活から就職活動を経て、社会人6年目だ。親の目から見ても頑張っているなと感心してしまう。

長女の美咲さんは、大学も自宅から通学し、卒業後もしばらくは実家から通勤していたが、数年前に会社近くの賃貸マンションへと引っ越しした。何だかんだと快適に一人暮らしを満喫しているようだ。

というわけで、数年前より圭司さんと陽子さん夫婦は、3LDKで80㎡以上ある部屋に二人暮らし。正直なところ子供がいないので広すぎるし、陽子さんは掃除が面倒だという。

購入当時は、立地よりも家族が暮らせる広さと、どうせ買うならと新築にこだわって購入を決めた。しかしいまでは、もう少し狭くてもいいから駅近のマンションがいいなというのが夫婦の共通認識である。「退職金でも入ったら買い替えるか」と世間話程度には話題にあがることがある。

はじめての管理組合役員就任

そんな時、管理会社から次期役員の就任をお願いする連絡があった。このマンションでは、階数などフロアごとのブロックに分けて、輪番制で役員を選出している。じつは築22年目にしてはじめての役員。圭司さんの本音としては、やりたくないし、面倒だなという思いが強い。しかし、輪番制なのと自宅マンションのことなので致し方ないであろう。

まもなく、通常総会の案内が届いた。議案書という書類をめくると、最後に「役員選任の件」という議題があり、部屋番号と「加藤圭司」の名が記してあった。

総会では無事に承認され、今後2年間、管理組合の役員を務めることになった。

総会終了後の役職決定で、圭司さんは理事長をすすめられたが、難色を示していたところ、別の男性が了承して、圭司さんは副理事長という役職におさまった。

新旧役員の引き継ぎをしている際、管理会社のフロント担当者から、「これから2回目の大規模修繕工事の検討を開始するので、今期の皆さまは大変かと思います。また戸数は多くないのですが、管理費等を長期滞納されている住戸がございます。詳細は次回の理事会時にご説明させていただきます」との説明があった。

総会が開催されていたマンション近くの公民館から自宅に戻る途中、圭司さんは役員が務まるのか不安になった。それは長期滞納者がいることを知らなかったこと、また階数は違うが翔太さんの同級生で子供を通して交流がある、佐藤さん宅が1回目の大規模修繕工事の検討時に理事長になり、「大規模修繕の検討は本当に大変」と嘆いていたのを思い出したからである。

不動産一括査定サイト

自宅に帰り、陽子さんにその話をしたところ、陽子さんからは「あなたの考え過ぎじゃないの」と明るく言われてしまった。「それより、急いでるわけじゃないけど、駅近マンションへの買い替え計画だけど」と話題を振られた。

どうやら陽子さんは、売却や買い替えするにはどうしたらいいのかわからず、ネットを見ていたら、「不動産一括査定サイト」というのを見つけたらしく、お金もかからないからと、すでに申し込みもしたそうだ。このマンションのいまの査定額がわかるという。

その直後から数日間、複数の不動産会社からメールや電話で連絡が入ってきた。陽子さんが対応したが、彼女によると、不動産会社によって査定額がバラバラで５００万円以上も差があるという。

不動産会社からは、いまの査定額は、実際の物件を見ずに、概要や取引データをもとに簡易的に査定した「机上査定」なので、実際に部屋を訪問しても大丈夫なら、より詳細な査定額を出せる、と言われたという。こういうのを「訪問査定」といい、概要や取引データのほか、物件の使用状況や日当たり、周辺環境、敷地の形状、修繕履歴、管理状況、登記簿情報などを加味して査定価格を出すという。

陽子さんが対応した10社あまりの不動産会社から、担当者の感じが良かった２社に訪問査定してもらうことにした。なかには交通費程度のお金がかかる会社もあるが、この２社はお金もかからないという。

長期滞納問題

そうこうしているうちに、管理組合では新役員による第１回理事会が開催された。管理会社のフロント担当者から、管理組合会計の収支報告のなかで長期滞納について次の説明がされた。

「当管理組合には短期滞納者と長期滞納者がおり、一般的に管理費等は毎月決められた日に金融機関の口座から引き落としさせていただいてますが、どうしても給料日とあわずに毎月数日程度遅れてお振り込みされる住戸があります。あとはうっかりしていて残高不足になっていた住戸などは、滞納者とはいえ短期ですのであまり心配されなくてもいいかと思います。１ヵ月もしないうちに回収され解決になります。

問題は３ヵ月を超える住戸です。滞納期間が長くなるほど滞納金額も増えて、払うほうも払いたくても払えず悪循環に陥りやすいです。しかも、管理費等には時効があり、通常、管理費等の発生から5年間です。幸い5年を超えるような住戸はないのですが、3ヵ月を超える住戸、5ヵ月を超える住戸と14ヵ月の住戸があります」

14ヵ月を超える住戸は、管理会社による管理委託契約で定められた督促業務（電話、訪問、督促状）のあと内容証明郵便を発送し、次に管理組合として支払督促の手続きをし、相手から異議が出たため、裁判中だという。管理組合と管理会社で締結している管理委託契約では、滞納から6ヵ月間の督促は管理会社の業務となっており、3ヵ月と5ヵ月の住戸には、引き続き管理会社が督促をするという。

「5ヵ月を超える住戸には普通郵便による督促状の送付、電話連絡などを継続的に行っているのですが、連絡すらとれず、埒が明かない状況です。内容証明を送付できればと思いますがいかがでしょうか？」との提案があった。

他の理事も送ったほうが良いということになり、費用はかかるものの内容証明郵便を送ることになった。

また2回目の大規模修繕についても説明があった。

「早いマンションで10年、一般的には12年周期で大規模修繕を行います。当マンションも10年ほど前の築12年の時に、屋上等の防水、外壁、鉄部塗装を行いました。計画ではあと2年ほどで2回目の大規模修繕の予定ですが、マンションの傷み具合によっては工事時期を先に延ばすこともあります。まずは費用等はかかりませんので、弊社の専門部署に建物の傷み具合を外観目視で行う簡易調査を依頼してもいいでしょうか？」

理事一同はそれを了承した。

大規模修繕の進め方

第2回理事会では、管理事務報告と収支報告のあと、管理会社の建築設備の専門部署に所属する一級建築士より、建物の傷み具合について説明があった。

建物の向きによって、傷み具合は違うようだが、外壁のクラック、タイルの浮きや汚れ、白華（はっか）現象（詳細は218ページ）などが見られるという。

クラックとは、建物の外壁や内壁、基礎などにできる亀裂やヒビ割れのことで、そこから雨水などが入り込むと、鉄筋腐食や躯体（くたい）（建物を支える構造部材）の損傷につながりやすいそうだ。タイルの浮きを放置すると、内側のモルタルなどを損傷させ、外壁全体の耐久性が落ちかねないそう。万が一、タイルが落下した場合は、通行人にケガをさせることもあるという。

「早急ではないが、数年以内に予防保全として、大規模修繕をおすすめします」とのことだ。

また給排水管については、一度、管内の様子を専門調査したほうがいいとすすめられた。管内にカメラを入れたり、配管の一部を抜き出して行う抜管調査などを行い、錆(さび)による配管の詰まりや、腐食による穴あきなど劣化状況を確認するという。ほかには2回目の大規模修繕で一斉にインターフォンを変えるマンションもあり、一般的には15年程度が交換の目安といわれているので、各住戸にアンケートなどで意向を聞いて決定してもいいのではと提案された。

すかさず、フロント担当者から、「大規模修繕は、1回目より2回目、2回目より3回目のほうが費用がかかると言われています。特に3回目は工事内容にもよりますが、2回目の約1・5倍かかるともいわれています。2回目の大規模修繕に向けては、実施する工事内容にもよりますが、マンションの収支状況をみると、いまのところ大幅な値上げや一時金の徴収なく実施できるかと思います。ただし、滞納者が増えてしまうと、帳簿上での金額と実際の金額に乖離(かいり)が出てしまうことがあります」との説明があった。

思ったより高かった査定価格

一方、加藤家も新たな動きがあった。訪問査定による査定価格が出たのだが、思ったよりも高い価格であった。新築マンションの価格高騰により、中古マンションの人気が高まり需要があるからだそうだ。

それよりショックだったのは、住宅ローンの残高だ。加藤家のマンションは、購入価格４５００万円、頭金は１０００万円、借入金３５００万円。将来のことを考え35年間の固定金利４％を選択、以来22年間、毎月15万円を滞納せずコツコツ返してきた。手堅く借り入れしたつもりだったが、いまだ半額近い１８００万円ほどの残債があるという。それは固定金利が４％と高かったこと、元利均等返済方式を選んでいたのが良くなかったようだ。

返済の内訳をみると、借りた当初の元金は３万８０００円ほどで残り約11万円あまりは利息分、当初は利息ばかり返していたようだ。３５００万円の借入に対して利息は約３０００万円かかり、返済総額は６５００万円以上というから驚きしかない。

マンション価格の高騰により、いま売却すれば、幸いにも残債より高く売れそうである。不動産屋へ支払う仲介手数料などを引いても手元に１０００万円以上は残りそうだ。住宅ローン残債があると売却できないと思っていたが、残債があっても残債より高く売れるか、残債を補塡（ほてん）できるなら売却することができるという。

圭司さんの58歳という歳を考えると、定年後の再雇用を入れてもいまの会社の制度では、働けるのは10年以下。売却後の住まい、買い替える際の住宅ローンは借りられるのか、老後資金は大丈夫なのかという不安がよぎった。

不動産会社に聞くと、中古マンションの価格は、社会情勢や物件にもよるそうだが、築15年ほどまでの下落率が大きく、変動が小さい時期を経て、築30年ほどで下げ止まるそうだ。自宅マンションはすでに築15年を超えているため、一般的に数年程度だとあまり査定額は変わらず、むしろ大規模修繕を検討中なら修繕後のほうが高くなる可能性があるという。またいまはマンション・バブル中で、売却するなら高値で取り引きできるチャンスだという。

そこで夫婦で相談した結果、3つの目標を立てた。

①数年後の大規模修繕工事が終わった直後に売却できるよう準備。情報収集に努める。
②60歳の定年後には、できるだけ良い条件で再雇用を目指す。退職金は買い替える物件の頭金にあてる。
③バブル期ではあるが、すぐには売らず数年間はなるべく繰り上げ返済をする。

実際コロナ禍ということもあり、旅行に行けない分を繰り上げ返済に回すことができた。目標ができると不思議と人生に張り合いが出るものだ。陽子さんは元気ないまのうちにと近くのスーパーで働き出した。しかも、健康のため、二人でウォーキングすることが日課となった。

大規模修繕後に高値で売却

２年後、定年を迎えた。以前の給料の６掛けにはなったが、無事に圭司さんの再雇用も決まった。また退職金は約２３００万円であった。

２回目の大規模修繕については、２年間の役員任期中には、話がまとまらなかった。腐食が確認された給水管について、既存配管の内側の錆を落として塗膜でライニングし延命させる「更生工事」を行うのか、高性能ポリエチレン管やステンレス管など最新技術の新しい配管に取り替える「更新工事」を行うのか、理事会として結論が出なかったからだ。

ただし、任期中にいいこともあった。長期滞納され裁判により分割払いになっていた部屋が売却され、滞納が解消された。これで管理組合の会計収支に影響を与えるほどの目立った滞納者はいなくなった。

大規模修繕については、次の役員の任期中に臨時総会が開催され、無事に承認された。長期滞納者がおらず、一時金などの徴収がなかったのもスムーズに承認された要因であろう。

結局、大規模修繕の計画から工事完了まで、３年ほどかかったが、マンションは見違えるほどキレイになった。

大規模修繕が終わってすぐに、不動産屋と媒介契約を締結し売却活動をスタートさせた。3年前の査定額より、築年数が古くなったにもかかわらず、査定額は100万円ほどアップした。一方、ローン残債は、約3年にわたる毎月の返済と繰り上げ返済により、約1800万円から1000万円になった。

まもなくして、小さい2人の子供がいる30代の夫婦に売却が決まった。駅からは少し遠いが部屋の広さと共用部分のキレイさが決めてだったそうだ。内装は購入後に最新設備などに入れ替えるリノベーションを行うという。

売却代金からローン残債と仲介手数料を引いた2500万円と退職金から1800万円（500万円は取得税や保険料などの諸費用とイザという時のために手元に残した）をあわせた4300万円を頭金に、駅から徒歩2分、2LDK53㎡の5100万円の新築マンションへ買い替えをした。

キャッシュでもギリギリ買えそうだったが、残りの800万円は住宅ローンを組んだ。借入時年齢61歳、完済年齢は70歳。今回は変動金利にしたが、金利は以前借りた時の約10分の1であった。また再雇用が確実で元気なうちにより多く返したいため、今回は「元金均等返済方式」にしたが、それでも毎月の返済額は約7万5000円といままでの約半分である。内訳も利息は毎月数千円程度で金利が安いというのはありがたいものだと感じる。

当面、住宅ローンがあるのは不安だが、高値で売却できたこと、金利が安かったこと、買い手が見つかったことなど、加藤さん夫婦はとても恵まれていた。しかも手元に資金を残しておきたい、生活の質は落としたくないという願いもかなえることができた。

何よりあのまま住み続けて、70代で3回目の大規模修繕を迎えるとなるとゾッとする。そういう意味では、あの時期に理事になれたのはとても良かったと圭司さんは思う。マンションは、個々の懐と管理組合の懐、両方が大事なのだと学んだ。

それに、駅からの利便性が良くなると、立ち寄りやすいのか、親が心配になったからなのか、子供たちが頻繁に顔を出すようになったのは二人にとっての嬉しい副産物であった。

ここ数年、何かとお金と向き合うことが多かったが、気力・体力・お金があるうちに駅近の新築マンションに買い替えられ、本当に良かったと圭司さんは思っている。

事例からわかること

最寄り駅からは徒歩7分以内が必須

加藤さんの旧宅は最寄り駅から徒歩10分。購入者も駅からは少し遠いと言っていた。歩けない距離ではないものの、たしかに駅近とはいいがたい。では最寄り駅から徒歩何分ぐらいが平均なのだろうか。じつは最寄り駅からの距離は、立地の良し悪しを表すバロメーターのひとつとされ、「駅からの距離＝徒歩分数」は、周辺環境にかかわらず客観的指標として判断される。

具体的な分数については、最寄り駅から徒歩7分以内が望ましいとされる。東京カンテイ（不動産データサービス）が公表する「首都圏 新築マンションの徒歩時間別供給シェア推移」（2020年）によると、最寄り駅から徒歩3分以内は20・4％、4〜7分は31・9％、つまり、新築マンションの半数以上が徒歩7分以内なのだ。全体平均でも7・4分である。

ただし、たとえば東京の吉祥寺や北千住など駅周辺に商店街があり住宅地まで距離があるようなエリアは、徒歩分数以上の価値があると判断される。このようなエリアを除いては、駅から徒歩7分を超えると、今後の需給バランスを考えると厳しくなりそうだ。

また一般的に、駅近物件は価格が高く、駅から遠くなるにつれて価格が下がっていくが、駅から遠い物件ほど、下落率も大きくなるといわれる。安価だからと駅から遠い物件を安易に購入すると、買い替えや住み替え、相続などで売却したいと思った時に、思うような価格で売れず大変な思いをする可能性がある。

徒歩2分以内に買い替えできた加藤さんご夫婦はとても運がいいし賢明な選択である。7

分以内は必須。将来も見据えるなら徒歩5分以内と覚えておきたい。

管理組合の役員

加藤さんも面倒だなと思いながらも渋々引き受けた管理組合の役員。役員とは、理事（理事長や副理事長及び会計担当理事などの役職）と監事の総称をいう。もしどうしても引き受けたくない場合は、辞退できるのか。

原則はNGだ。誰もが納得するような個別事情を説明したり、マンションによっては協力金などを支払うことで、回避できる場合もあるが、自身のマンションを知る良い機会だと捉えて、前向きに取り組むのをおすすめしたい。もし「私は高齢だから……」というのであればその旨をはっきり伝えて負担のない役職を選ぶのもひとつの手だ。

そもそもなぜ管理組合の役員が必要なのか。管理組合に関する重要なことは、総会で決議をする。しかし予測できない突発的なトラブル対応や日常の管理状況の確認などすべてにその都度、区分所有者全員が集まって決めるのは現実的ではない。そのため管理組合の代表として総会で理事や監事を選任する。役員の決め方は、「その都度、立候補制」もしくは、加藤さんのマンションのようにあらかじめ決められた「輪番制」が多い。

なお、協力金とは、ざっくりいうと不公平感をなくすため決められた金額を支払うことで役員を辞退できたり、外部に住む方は居住者より書類送付などの手間と費用がかかるので通常の管理費等とは別に上乗せして支払うお金をいう。いままで役員の資格要件は、「現に居住している区分所有者」である管理組合が多かった。そうすると賃貸している人などは役員をせずに、居住している人だけに役員の負担がくる。役員のなり手不足を解消するためにも、役員に支払う役員報酬とともに導入している管理組合もある。ただし、協力金導入に関しては訴訟が起こる事例も出ておりまだまだ少数派である。

マンションに必須の大規模修繕

加藤さん宅は、2回目の大規模修繕を無事に終えた直後に売却した。この大規模修繕とは何か。じつはマンションの大規模修繕工事について、明確な用語の定義はなく、一般的に建物の経年に対応した建築関係の改修工事のうち、10〜15年に一度の周期で（計画的に）広範囲をいっときに施工するものといわれる。なお、2021年9月に改訂された長期修繕計画作成ガイドライン（国土交通省）によると、12〜15年とされている。実施される工事は、外壁の補修、屋上等の防水、鉄部の塗装、給排水管など主に共用部分の工事を行う。

大規模修繕は管理組合にとって、「十数年に一度の大イベント」と位置付けられている。それはスケールが大きい工事で、工事費が数千万〜数億円と巨額の費用を投じて行うことに起因している。そのため加藤さんも感じたように「難しい」「大変」「面倒」といったイメージを持ちやすく、言い換えれば、管理組合として、本来行わなければならないことを見失ってしまいやすいとも言われている。

壊れたらその都度、修理や修繕をすればいいと思う人もいるかもしれない。ならばなぜ予防的な大規模修繕をするのか。新築当初、美しかったマンションも長年、太陽光や風雨等にさらされていると、屋上防水や外壁などが傷んでくる。給排水や電気などの設備についても経年劣化していく。これらを放置していると快適であったマンションの暮らしに影響を及ぼすことになる。的確に劣化を発見し修繕することが、耐久性を高め、結果として、安全・安心・快適な暮らしはもとより資産価値にもつながる。

つまりマンションの経年劣化を改善するために、おおむね10〜15年周期で計画的な大規模修繕を実施することが重要である。計画的な修繕なので計画修繕ともいわれる。

大規模修繕の大きな特徴として、人が住んでいるマンションで行う点があげられる。人が住みながら工事をするので、業者が防犯、騒音、粉塵（ふんじん）、洗濯などにいかに配慮できるかが重要だ。

大規模修繕工事の費用

大規模修繕工事の費用は、建物の規模や劣化状況、工事内容などによっても違ってくるが、国土交通省が2017年5〜7月に実施した「マンション大規模修繕工事に関する実態調査」によると、1回目の大規模修繕工事（築年数13〜16年の物件）の場合で、1戸当たりの工事金額は75万〜120万円前後で平均100万円とされる。住戸数50戸なら5000万円、100戸なら1億円がおおまかな目安となる。床面積1㎡当たりの工事金額は1回目の大規模修繕工事で8500〜1万3000円前後、平均で約1万3095円である。

しかし、年々建築に関する費用は右肩上がりに上昇している。特にこの10年では、すべての建築工法で上昇している。

2011年、東日本大震災後の復興工事需要の高まりで工事費が上昇し、その後、東京五輪・パラリンピック開催決定を受けて、オリパラ関連施設の建設で工事が増え、それに伴い人件費が高騰、生コン、セメント、木材、鋼材等原価の上昇と相まって建築費も高騰した。

そのため2013年以降は右肩上がりで上昇し、'19年にはこうした特需も落ち着きを見せ、'20年に入ってからは工事費上昇は横ばいからやや上昇で留まっていたが、ここに新型コロナによる需給バランスの乱れも加わる状況になった。近年、木造マンションが注目されて

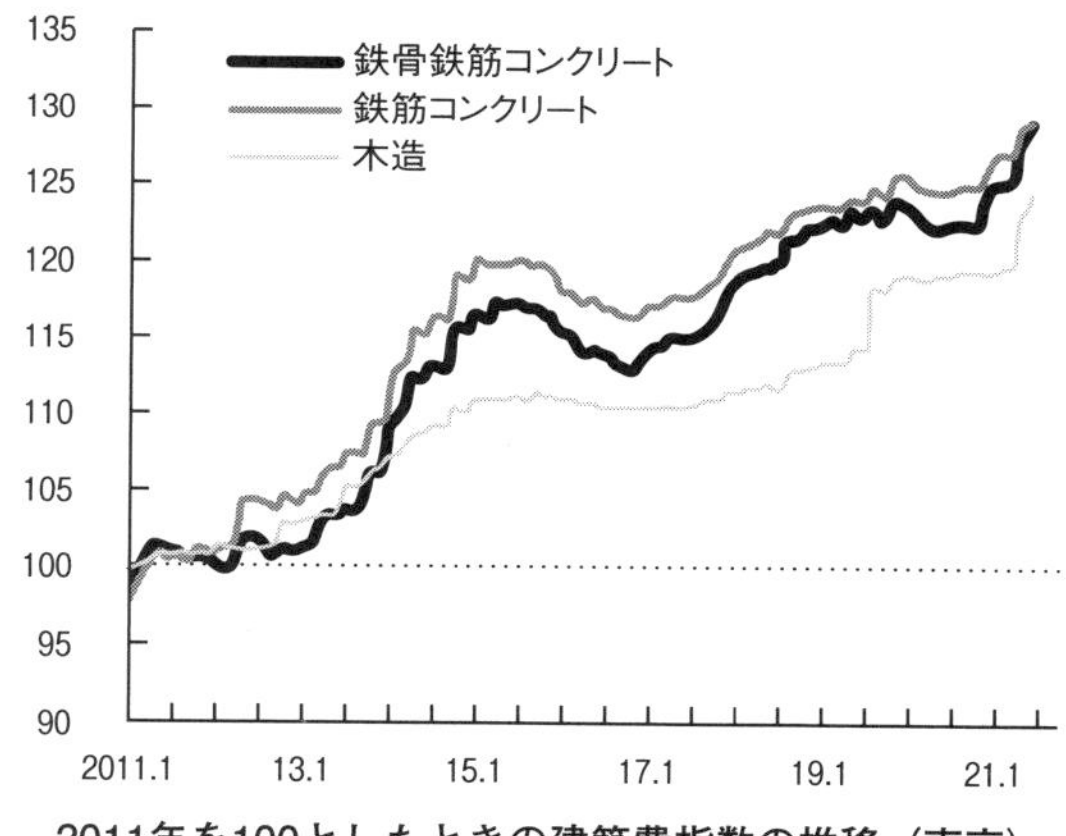

2011年を100としたときの建築費指数の推移（東京）

建設物価調査会「建築Navi」より

きているが、この木造まで大幅に高騰してきている。大規模修繕は新築工事とは違うが、鋼材等の資材と人件費の高騰の影響は変わらない。むしろオリパラの建設特需がおさまるまで大規模修繕をあとまわしにしていた管理組合も多く、総合的に勘案すると1戸当たり150万円近いというのが'21年以降の現状ではないだろうか。そうすると3000万円でできたはずの工事が4500万円かかり、管理組合としてはコツコツ貯めていたはずなのに、大規模修繕をしたくてもお金が足りないという状況に陥っているわけだ。

長期修繕計画

経年とともに給排水管、エレベーター、機械式駐車場などの大がかりな工事が増加する一方、2回目・3回目の大規模修繕に向けた適切な長期修繕計画の見直しが行われていない事例も多い。大規模修繕は多額の費用がかかるため、多くのマンションでは向こう20〜30年の長期的な修繕計画や資金計画を立てる。いつ、どの部分を修繕や改修をするのか、そのためには、どのくらいの費用がかかるのか。その費用を各区分所有者がどのように負担しあうのか、この計画を「長期修繕計画」という。毎月の修繕積立金の設定根拠は長期修繕計画なのだ。なお、２０２１年9月改訂の長期修繕計画作成ガイドラインでは、「大規模修繕工事2回を含む30年以上」とされる。

この計画に基づきコツコツと「修繕積立金」を積み立てて、適切な時期に適切な修繕や改修を行うことが望ましいといえる。ただし、長期修繕計画はあくまで、長期的な工事内容と実施時期、必要な工事費用の目安を見積もるもので、必ず計画通りに修繕を行わなければならないというわけではない。実際に修繕や改修を行う場合は、劣化診断を実施し、具体的な修繕実施計画を作成し実施する。

ここで問題なのは、築古のマンションでは、そもそも長期修繕計画がない、あっても見直しされていないことがあることだ。マンション総合調査によると、計画の見直しを行っていないマンションの割合は5・7％、見直しをしていても「修繕工事実施直前に見直しを行っている」が12・5％、「修繕工事実施直後に見直しを行っている」が10・1％と、22・6％

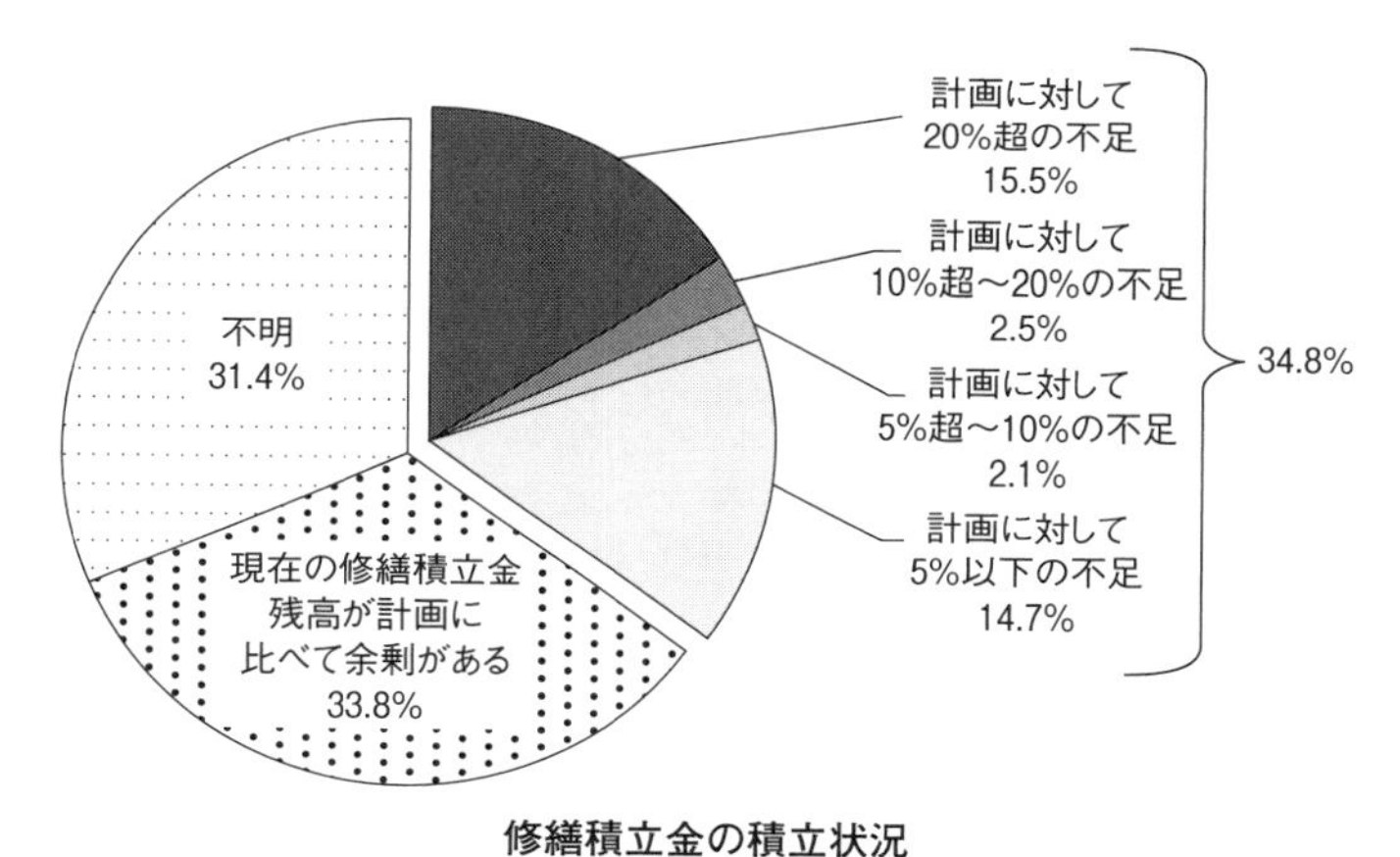

修繕積立金の積立状況

国交省「マンション総合調査」2018年度より

ものマンションが10年以上見直されていない。これでは資金の余剰がない限り、最近10年の高騰に堪えられないのではないか。

実際に同調査によると、実際の積立額が計画に比べて不足しているマンションは34・8％もある。このうち、不足する割合が20％を超えるマンションは15・5％になっている。

もし長期修繕計画がないにもかかわらず、修繕積立金が徴収されている場合は、設定されている（毎月支払っている）金額に根拠がない可能性が高い。そうすると、資金難により必要な時期に、必要な大規模修繕ができない可能性が高い。そのため、行き当たりばったりで修繕をしたり、修繕積立金の大幅な値上げや一時金の徴収、それでも補填できなければ管理組合で借り入れすることになる。果ては資産価値の下落どころか、マンション崩壊やスラム化すら招きかねない。

長期滞納への対処法

ただでさえ計画より現在の修繕積立金の積立額が不足しているマンションが34・8％もあるなかで、建築資材や人件費の高騰、消費税の増税など厳しい状況が続く。そこに管理費等が滞納されると、さらに厳しい財務状況へと追い込まれていく。

「マンション総合調査」の完成年次別内訳をみると、完成年次が古いマンションほど管理費等の滞納があるマンションの割合が高くなる傾向がある。

管理会社に管理を委託している場合、加藤さんのマンションのように管理会社は管理組合に管理事務に関する報告と収支状況に関する報告をする義務がある。収支状況の報告の中に管理費等の滞納状況の報告も含まれるため、小規模マンションで長期滞納していると、極端な話、住民の半数以上が誰が滞納者か知るような状況になる。

法律的に管理費・修繕積立金（管理費等）はどのような扱いなのか？　マンションを購入し、所有者（組合員）になると、管理規約で定められた管理費等を毎月、管理組合に支払う。

管理費等は、判例によって民法第169条に規定する「定期給付債権」にあたり、「5年」の短期消滅時効が適用されていた。しかし、2020年4月の改正民法で、第169条

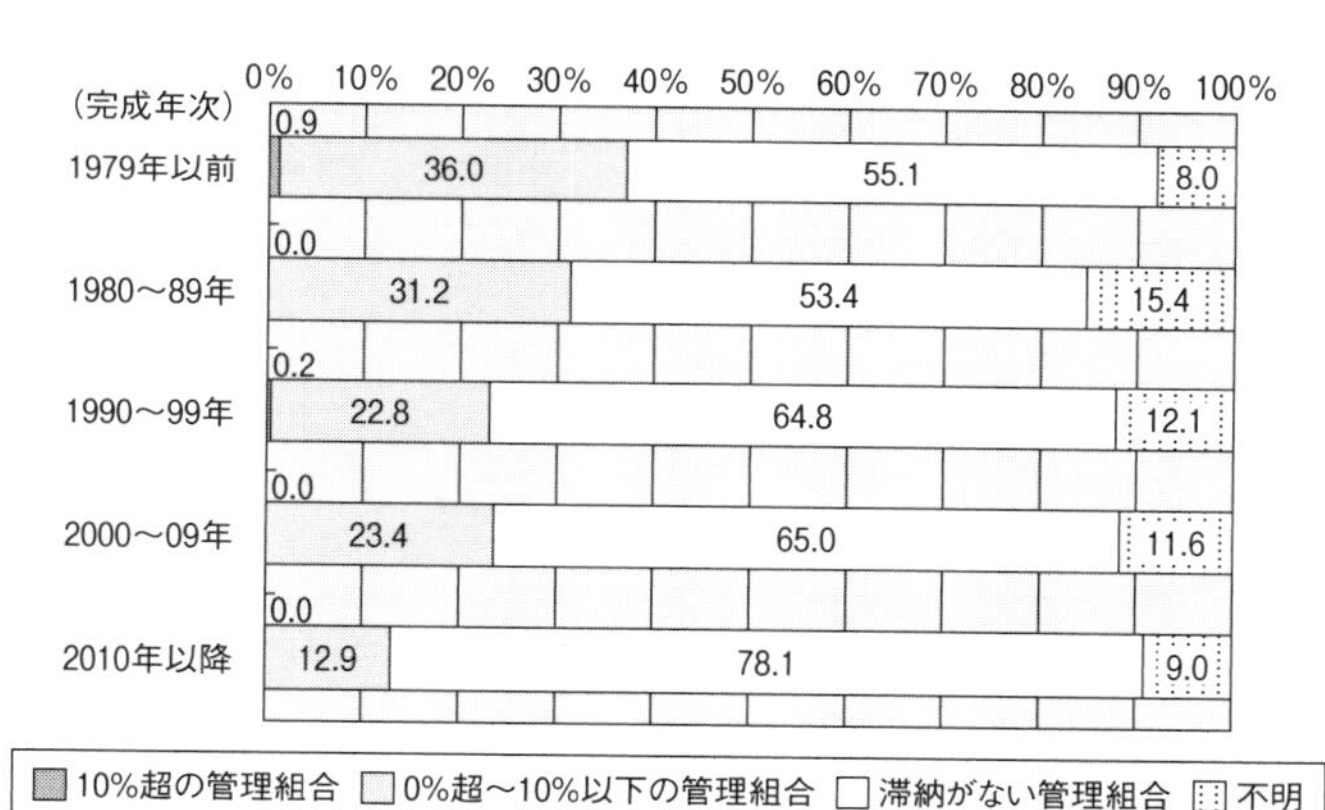

管理費等の滞納戸数割合（完成年次別・2018年度）

国交省「マンション総合調査」2018年度より

の規定は削除され、管理費等を含む「定期給付債権」については、一般の債権と同様に取り扱うことになり、「権利を行使することができることを知った時から5年」又は「権利を行使できる時から10年」と定められた（改正民法第166条第1項）。とはいえ改正民法でも管理費等の時効は5年で変わらない。また、毎月徴収する管理費等以外に大規模修繕工事などで不足する資金を徴収する一時金なども5年が適用される。

つまり、管理費等も債権なので、管理費等の滞納状態を長期間放置してしまうと、消滅時効が完成し、管理費等を回収することが難しくなってしまうのだ。

さすがに自主管理マンションなどで極度の管理不全やスラム化でもしていない限り、5年も滞納状態を放置することは考えにくいが、消滅時効させないため、1ヵ月分でも1円でも10円でもいいので支払ってもらうと時効は延びる。前述の通り、管理会社に委託している場合、管理委託契約によって初期の管理費等滞納者への督促業務は管理会社が行う。

ちなみに管理組合と管理会社が契約する契約書のひな形、「マンション標準管理委託契約書」では、管理会社の業務は、「毎月、組合員の管理費等の滞納状況を管理組合に報告する」「組合員が管理費等を滞納した時は、支払期限後○ヵ月の間（通常6ヵ月）、電話もしくは自宅訪問又は督促状の方法により、その支払の督促を行う」「督促しても組合員がなお滞納管理費等を支払わない時は、管理会社はその業務を終了する」「管理会社は、これらの督促を行っても、なお組合員が管理費等を支払わない時は、その責めを免れ、その後の請求は管理組合が行うものとされる」となっている。

つまり、マンション標準管理委託契約書では、管理会社の義務は管理組合に対して毎月滞納状況を報告すること、滞納者に支払いを督促することに限られる。そのため、管理会社が督促業務を行い管理費等の回収ができなかったとしても、管理会社に契約上の義務違反（債務不履行）はなく、管理組合が管理会社に対して損害賠償は請求できない。

なお、管理組合と管理会社との管理委託契約では、滞納から6ヵ月間の督促が管理会社の業務となっていることが多い。滞納者も長期間になればなるほど支払いたくても金額が大きくなり支払えなくなる。この６ヵ月間に滞納が解消されるのが望ましいといえる。

便利な不動産一括査定サイト

自宅マンションを売却したい時に便利なのは、「不動産一括査定サイト」の活用だ。いちばんのメリットは、「不動産屋を探す手間暇」が軽減されること。不動産屋を探し１社ずつ電話やメールなどで問い合わせを行うのは面倒であるが、一括サイト上の入力フォームに住所や物件の間取り、築年数などを入力すれば、対応できる不動産屋候補がわかり、各不動産屋から連絡をもらえる。

希望すれば、査定もまとめて依頼できる。査定が１社のみだと、査定価格が高いのか安いのか判断できない。複数社から査定を受けることで、相場価格も把握できる。また複数の不動産屋を比較できるので、やり取りを通して感じが良い担当者や対応力のある不動産屋を選ぶことができる。不動産屋や担当者の力量によって、最終的な成約価格や売却期間に大きく差がつくため、あなたのマイホームをより良い形で売ってくれるパートナーである不動産屋選びはとても重要なのだ。

たとえば、高額な査定価格で喜んだのに、値下げ交渉ばかりで、最終的に予想より安い価格でしか売れなかった。ＣＭでもよく見る大手不動産会社だが、わが家の地域ではあまり実績がないことをあとで知った。明らかに新卒で不慣れな担当者にあたってしまった。担当者のレスポンスが遅くイライラするなどで後悔するケースが多い。不動産屋がしっかりこちらの意見や要望を聞いてくれるか、質問に答えてくれるかは重要なポイントだ。

じつは中古マンションの売却価格には、明確なルールはない。過去の売買履歴などを見ながらこの価格なら売れるだろうという「査定価格」、他の物件と足並みを揃えた「相場価格」、売り主が望む「希望価格」などがあるが、最終的に、市場への「売り出し価格」や「販売価格」、その価格でその相手に売るか売らないかを決めるのは、オーナーである所有者だ。そして最終的に売れた金額が「成約価格」である。

まずは強気の希望価格、急いで売りたいなら査定価格や相場価格などで売り出しましょうと言ってくれる不動産屋はとても良心的だ。いい値段で売却したい期間内にスムーズに売れるかは、不動産屋というパートナー選びからはじまっている。

一方、一括サイトは便利だが、デメリットもある。

特に査定依頼をした物件が人気の場合、複数の不動産屋から電話やメールなどの営業を受けることがある。営業電話やメールの感じ方は人それぞれだが、過度な営業で困ってしまうことも。メールのみでやり取りできるサイトを選ぶのも手だ。

不動産適正取引推進機構の発表によると、宅地建物取引業者は全国に12万7215業者もある（2021年3月末時点）。しかし、一括サイトが紹介してくれる不動産屋は、サイトに登録されている会社だけなので、売却したい物件によっては、不動産屋が見つからない場合もある。この場合、なるべく登録者数が多いサイトを選ぶと良いだろう。とても便利な一括サイトもさまざまだ。一括サイトを利用する場合はデメリットをよく理解したうえで特徴の違うサイトを複数利用するのがおすすめである。

元利均等返済と元金均等返済

住宅ローンを借りる際、最後の最後に「元利均等返済」にしますか？　それとも「元金均等返済」にしますか？　と聞かれる。

住宅ローンは用意する書類や、比較検討することが多く、どちらかと聞かれる頃には、どちらでもお任せします、という気分のことも多いが、加藤さんも驚いたように、このたった一文字違いで、同じ金額を借りても返済総額は大きく違ってくる。

なかには元利均等しか選べないこともあるが、できれば元金均等返済を選択し返済に余裕が出てきたら繰り上げ返済することをおすすめしたい。

元利均等返済とは、元金と利息を合わせた返済額は毎月変わらず、返済金額に占める元金と利息の割合が変化していく返済方法で、返済当初は利息が大部分を占めるので元金部分の減り方が遅い。

一方、元金均等返済とは、元金部分を返済期間で均等に割り、残高に応じた利息を載せていく返済方法。返済当初は返済額が多く、返済が進むと返済額も徐々に少なくなっていく。当初の返済は大変だが元金部分の減りも早い。

たとえば、元利、元金ともに、金利1％、借入金額2500万円、返済期間15年で試算すると、

○元利均等返済では、合計返済金額　2693万2140円
毎月の返済金額　14万9623円
○元金均等返済では、合計返済金額　2688万5417円
毎月の返済金額　当初は15万9722円、最後は13万9005円

金利1％の場合、計画通り15年で返済した場合、合計返済金額は4万6723円の差しかないが、歳を重ね再雇用やバイトすらできず年金収入のみで生活しなければならなくなった時の数万円はとても大きいし、元金均等返済を選択し余裕ができた時に繰り上げ返済することで、合計返済金額や返済期間をかなり短くできる。

一方で住宅ローン控除などの優遇や、団体信用生命保険（団信）に加入さえできれば、万が一の時は保険で完済するから、毎月の返済はできるだけ少なくしたいなどの考え方もあるだろう。住宅ローンの借り方は、いうならば年金をいつから貰うかの選択に近いものがある。よくシミュレーションをしてから選択するようにしたい。

買い替えは売却、購入どちらを優先？

マンションの買い替えは、売りと買いのタイミングをあわせるのが難しく何からはじめたらいいか、悩む人も多いのではないか。

マンションを買い替える時は、ほぼ同じタイミングで自宅マンションを売却し、新居を買うのが理想的である。これを「売り買い同時進行」という。しかし、現実的には同時進行はとても難しい。

それは、売却と購入のタイミングを無理にあわせようとすると、割安な価格で売却せざるを得なかったり、新居をじっくり探せない恐れがあるからだ。しかも、自身が住む住まいや資金繰りも考えなければならない。

そのため実際には、無理に同時進行せずに、「売り」か「買い」どちらかを優先して進めるのがおすすめである。

売却を優先するのを「売り先行」、購入を優先するのを「買い先行」という。新しく住むところを優先するなら買い先行だが、住みながら売るなら売り先行となる。

「売り先行」の場合、マンションを売却した代金を、住宅ローンの残債があるなら返済にあて、余裕があれば新居の購入資金にあてられる。売却代金が確定してから新居を購入するので、予算がわかりやすく資金繰りがしやすい。

マンションを売却しないとローンの残債を返済できない場合、必然的に売り先行を選ぶことになる。なお、築古や駅遠など人気物件ではない場合は、売り先行で焦らず売却活動をするのがおすすめだ。

しかし、住みながらの売却は、事例1でも触れたように、空き部屋より売りにくく、次に住むところの心配もある。ただ余程の人気物件でもない限りすぐ売れるケースは少ないので、売却活動をしつつ、次の物件の候補を探しておくとよいだろう。資金繰りからすると、売却できるまでは新居の契約は現実的ではないが、売却の目処が立ち次第、すぐに購入を決断できるよう候補物件を絞り込んでおけば、売るタイミングと買うタイミングをあわせられる可能性がある。タイミングがあわせられれば、仮住まいなどの費用を抑えられる。

一方で新居が決まる前にマンションが売れてしまった場合、引き渡し時期に余裕がなければ、新居が決まるまでの間は賃貸などで仮住まいをしなくてはいけない。そのための賃貸物件探しや2度の引っ越し費用など、手間や費用がかかる。

次に、新居の購入契約を締結してから、いまのマンションを売りに出す「買い先行」は、いまのマンションの住宅ローンが完済済みの人や、新居を退職金などの自己資金で買う予定など、資金計画に余裕がある人に向いている。

新居が建築中など引き渡しまでに時間がある場合や、新居で新たに住宅ローンを組もうと思っているなど、買い先行のほうが良い場合もある。また、いまのマンションが人気物件ですぐ売却できそうなら、新居が決まり次第すぐに売却が可能なため、買い先行もありだ。

買い先行は、焦らず納得するまで新居を探すことができ、欲しい物件が売りに出た際もタイミングを逃さず購入できる。仮住まいに移る必要もないので、引っ越しも1回で済む。新居に引っ越しすれば、旧マンションを空き部屋にできる。空き部屋ならモデルルームのようにステージングしたり、購入希望者の内見もしやすく売却もしやすい。

一方で売り急ぎで不本意な値下げに応じたり、いまのマンションの住宅ローンが残っており、新居でも住宅ローンを予定しているなら、旧居と新居の二重ローンになってしまう。そもそも旧ローンがあると新居の住宅ローン審査に通らなかったり、通ったとしても金利などの融資条件が悪くなることも考えられる。

さらに旧マンションが思ったほど高く売れない場合、資金面で大惨事になる可能性もある。やはり「買い先行」が向いているのは、いまのマンションが人気物件か、資金に余裕がある人だろう。

マンションは立地だけでなく管理も重要

余談だが、私が買い替えをした際は、買い先行にした。新居が建築中で入居まで数年と時間があったこと、旧宅も駅近のデザイナーズマンションで築8年とギリギリ築浅と呼べる物件だったこと、頭金を多く入れ住宅ローンも完済済みであったからだ。

しかし、住みながらの売却は、内見時に掃除や貴重品の管理などに神経を使い、内見に立ち会う場合は、購入検討者と顔をあわせることが、とても苦痛であった。しかも売り出し価格が強気だったからか、なかなか売れず、とうとう新居の引き渡し時期になり、売却資金をそのまま新居の購入にあてる予定が、住宅ローンを組むはめになってしまった。

まさか売れないとは思っておらず、デベロッパーとの契約に「買い替え特約（購入者の所有物件が期限までに売れない場合、契約が解除でき、手付金も戻る。無料でできる）」や「住宅ローン特約（ローン審査に通らない場合、契約が解除でき、手付金も戻る。無料でできる）」を入れておらず、住宅ローン審査に通らない場合、数百万円の頭金（手付金）は戻らず契約も解除されるかもと、生きた心地がしない経験をしたことがある。

デベロッパー紹介の金融機関も足元を見たのか、高い金利や不利な条件提示が相次ぎとても屈辱的だったのを覚えている。

結局、日頃から取引のある大手金融機関とフラット35を取り扱う金融機関の審査に通り、難を逃れたのだが、専門家の私でも買い替えは冷や汗ものだった。

私が所有していたマンションの場合、立地も内装も気に入ったが、登記簿面積でギリギリ50㎡を満たさず、住宅ローン減税が使えないことがネックだと言われたこと、ちょうど管理会社が変更されたこともあり、管理状況が不安だと言われたことも何度かあった。ようやく新居に引っ越してから数ヵ月後に住宅ローン控除も関係ない、外国籍の人に売却できた。

私の経験から言えることは、マンションは立地だけではなく管理も重要だ。マンションなど住宅は、買うのも大変だが、売るのはもっと大変。買い替えは買うと売るが同時にくるため、覚悟を決めて取りかかって欲しい。幸せになるための買い替えが老後破産を招いたのでは洒落にもならない。

加藤さん宅は大規模修繕が終わり、マンションがより有利に高値で売却できるタイミングを待ったが、住宅ローンは年を重ねるほど、借入額や返済期間も短くなりローンが借りにくくなる。50歳代で残債の目途がたつのであればなるべく早くに売却しその資金を頭金に住宅ローンを組むのもいいだろう。その後、退職金をあてて繰り上げ返済するという手もある。しかし低金利のご時世、あえて繰り上げ返済せずに老後資金として手元においておくのも賢い選択肢のひとつだ。

加藤さんのマンションは駅から遠く、住宅ローン残債もあったが、マンション価格の高騰と当初の頭金が多かったこと、何より時間とお金に余裕を持ち計画的に行動できたことが功を奏した。いまに比べると借入時の金利は高かったもののまだまだ残債を少なく抑えることもできた。

また住宅ローン残債という自身の懐具合だけでなく、理事に就任したことをきっかけに管理組合の懐具合や大規模修繕の状況が知れたことは夫婦にとって有益だったといえる。それを受け、コツコツ繰り上げ返済したことは、夫婦の努力の賜物だ。

歳を取れば、誰もが足腰が弱るが、その前に駅近に引っ越ししたことも賢い選択だ。子供たちが頻繁に顔を出したり、加藤さんの企業では少額ではあるが再雇用による第2の退職金が支払われるという話も出ているようで、夫婦の努力が幸運を引き寄せた好事例である。

事例3

あわや負動産。バリアフリーマンションへの引っ越し

物件概要…2DK　41・3㎡／4階建て3階／築30年21戸／最寄り駅　徒歩12分
資金概要…住宅ローン返済中
家族構成…夫59歳、妻65歳、子供なし

「負動産」になりやすい物件の特徴として、「エレベーターがないマンション」があげられる。年老いたりケガをしたりすると、エレベーターなしでの生活は苦しく、売却しようとしても買い手がつかない。快適な住まいのはずが、ケガをきっかけに負動産に巻き込まれることになる……。

バリアフリー、住宅ローン控除、負動産

妻の骨折から地獄が始まった

駅から少し離れたマンションに住む、田川衛（まもる）さん（仮名）は、40代の時に妻の清子さんと出逢い結婚した。生涯独身かと思っていたが、人生の伴侶に巡り合えたことは、この上ない喜びであった。

6歳年上でしっかり者の清子さんは、若い頃に親のすすめで結婚したそうだがすぐに離婚。一人で生きていかなければと、35歳の時にいま夫婦で住んでいるマンションを新築で購入した。

いまで言う「女性のおひとりさま購入」のはしりといえるかもしれない。当時女性がマンションを購入するのはまだ珍しく、住宅ローンを通すのは大変だったそうだが、同じ会社で長年正社員で働いていたことが審査通過によい影響を与えたようだ。

結婚後は清子さんが所有する分譲マンションに衛さんが転がり込んだようなかっこうで、このマンションでの夫婦二人での生活も15年を超えた。

しかし半年ほど前、清子さんが家の中で転倒し左大腿骨近位部を骨折してしまった。骨折の治療は、手術療法と手術によらない保存療法があったが、清子さんがどうしても手術は避けたいと言うので保存療法を選択した。保存療法の場合、骨折部位が癒合(ゆごう)するまで数ヵ月間の安静が必要とのことで、年齢も考慮し入院することになった。

退院後が地獄だった。長期間の安静により筋力が低下し、まったく歩けない。機能回復をはかるため、来る日も来る日もリハビリの日々。体力がないからなのか、肺炎になり再入院することもあった。

何よりも辛かったのは、マンションにエレベーターがなかったことだ。そのため外出のたび、3階まで衛さんが清子さんを抱きかかえて昇り降りした。おんぶだと足に負担がくるため、お姫様だっこのような感じだ。

部屋の中にも玄関や水回りに段差がある。もちろん室内に手すりはない。それにいままでは感じなかったのだが、トイレやリビングの開き戸は、扉を開けながら扉の動きにあわせて少しずつ移動しないといけないため地味に辛く感じた。

調べると、室内の手すり取り付けなどのリフォーム工事は、助成金が出ることがわかった。その助成を使い「手すりの取り付け」「段差の解消」「引き戸等への扉の取り替え」を行った。一旦業者に支払ったものの、長期の療養となり、要支援認定を受けていたため、介護保険から給付（費用の9割、一定所得以上の場合は8割）を受けることができた。

治療費や生活費に関しては、保険と傷病手当金（基準額の3分の2相当額）が支給されたためなんとか賄うことができた。しかし、治療中にもうひとつ辛いことがあった。それは清子さんが仕事を失ってしまったことだ。独身時代から同じ会社に勤め、62歳からは再雇用で1年契約の嘱託社員であった。働けないため契約更新がされなかったのだ。

バリアフリー対応マンションへ引っ越したい

骨折から1年、まだまだ辛そうだが、杖を使ってなんとか歩けるまでに回復した。清子さんの骨折を機にバリアフリーの大切さを痛いほど痛感した。室内はなんとかなったものの、3階とはいえエレベーターがないのはとてもネックだ。念のため管理組合に提案してみたが、いまのところ検討すら難しそうであった。やはり戸建てならまだしも、マンションにエレベーターを後付けでつけるなんて極めて困難なのだろう。

もっと歳を重ねたら衛さんも足腰が弱くなるかもしれない。何より人生の伴侶である大切な清子さんに快適に過ごして欲しい。

清子さんの住宅ローン完済まであと数年。衛さんの貯金でもなんとか完済できそうな金額だ。そこで衛さんは、「私が働けるうちに、今度は私が住宅ローンを組んでバリアフリー対応のマンションに引っ越そう。もし高値で売れそうなら老後資金や新居の頭金にしよう」と清子さんに提案したところ、とても喜んでくれた。早速、地元の不動産屋に売却の依頼をした。

なかなか売れない自宅マンション

清子さんがこのマンションを買った時、1階2階は防犯上怖いとの思いがあり、3階ならと思った。むしろエレベーターがないことで価格が安かったのも魅力的だったそうだ。マンションが建った当初は、周辺は戸建てが多くマンションのほうが珍しかった。しかし、30年の間に最寄り駅が再開発され、最寄り駅直結のタワーマンションが建ったり、駅近くに築浅のマンションがたくさん建築されたりした。

不動産屋から広告の反響がイマイチだという報告が届く。どれだけ安くても駅から遠いうえ、いまどきエレベーターがないマンションを好んで買う人は少ないのだろうか。

そんな時に新聞やネット記事で田川家のようなコンパクトマンションに朗報ともいえる記事を見つけた。住宅ローン控除の適用を受けるための床面積要件が、50㎡以上から40㎡以上に緩和されたという。しかも新型コロナウイルスの影響で、2022年末までに入居すれば本来10年間の住宅ローン控除を13年間も適用されるという拡充措置がされており、田川家のようなＤＩＮＫＳに購入してもらえるのではと期待が膨らんだ。

早速、不動産屋に確認した。しかし二人の住むマンションは、住宅ローン控除の基準となる部屋の広さ（面積要件）をわずかに満たしていないと言われガッカリした。

売却に出してからもう半年。２回も値引きしたがいまだに売れない。内見どころか問い合わせすらないという。このようなマンションを負動産というのか。

清子さんのことを考えるとなるべく早くエレベーターがあり、フラットな室内の物件に引っ越ししたい。それに早く決断しないと、住宅ローンを組める年齢がどんどん短くなってしまう。結局、新しいマンションを衛さん名義で先に購入し、ありったけの貯金を入れて住宅ローンを組んだ。借入時の衛さんの年齢は59歳、完済時年齢は80歳になる。

賃貸に出す

清子さんが買ったマンションは、不動産屋の提案もあり賃貸に出すことになった。安さからかすんなり賃借人が決まったのはとてもありがたかった。ただし不動産屋には賃貸の仲介手数料として家賃の１・１ヵ月分を支払ったあとで、宅地建物取引業法では貸し主０・５５ヵ月、借り主０・５５ヵ月の合計１・１ヵ月分が不動産屋に支払われる上限と知り、衛さんは驚いた。

賃貸に出す際には金融機関に相談し、住宅ローンから不動産投資ローンに切り替えをし、賃料は清子さんのマンションのローン返済にあてている。いまは利回り物件（投資物件）として売りに出している。

念願のエレベーター付きのバリアフリー対応のマンションに引っ越しできたものの、80歳まで住宅ローンが続くと思うと心配でたまらない。清子さんのマンションは2年間の普通借家契約だがずっと借りてくれるのだろうか。せめて清子さんのローン返済が終わるあと数年だけでもと願うばかりだ。貯金すべてを新居の頭金に入れたが、やはり貯金は清子さんの住宅ローンの繰り上げ返済に使うべきだったんじゃないか。いまだにこの決断で良かったのか不安でならない。せめてもと団信に、がん・急性心筋梗塞・脳卒中などの8大疾病（しっぺい）とその他病気・ケガまで保障される金融機関を選んだ。いまは清子さん所有のマンションが売れるのをひたすら願う毎日だ。

事例からわかること

エレベーターがないマンションは負動産になりやすい

「マンション総合調査」によると、エレベーターが設置されているマンションは92・4％にもなる。エレベーターなし物件は、日常的な不便さや売却しにくいなどネガティブな意見が目立つ。メリットはないのだろうか。いちばんは設置に関する費用がかからない分、清子さんもマンション購入時に魅力に感じたように、新築の購入価格が抑えられている点だ。住み始めてからも、法定点検などのメンテナンス費用、経年した際のリニューアル費用などがかからない分、毎月の管理費や修繕積立金も安くすむ。また、エレベーターがない分、扉の開閉、モーター音などの騒音がない点や、階段の昇り降りが日常的に自然と運動になるのは良いことだろう。

一方、ケガなどをした際に毎日の階段の昇降が負担であったり、子育て世代ならベビーカーの昇降は大変だ。ゴミ捨てや買い物にも負担がかかり、日常生活に支障をきたすだけでなく、新たな転倒事故が発生したり、引きこもりの原因にもなりかねない。

また荷物の運搬がしづらいため、引っ越しなどでは追加料金がかかることが多い。エレベーター付きマンションが一般的な状況を考えると、賃料は安価でも賃貸がつきにくい、売却価格も低く売却しにくい傾向がある。

いまさらながらエレベーターの重要性に気付いた田川夫婦だが、マンションのエレベーターに設置ルールはないのだろうか。じつは建物のエレベーターの設置は、階数ではなく高さが基準だ。建築基準法（第34条）で、高さ31ｍを超える建物に「非常用の昇降機」、つまり「エレベーター」の設置が義務付けられている。

それぞれの階の階高にもよるが、高さ31ｍ超の建物だと、一般的には7〜10階に相当する。ざっくりいうと、6階建て以下程度のマンションにはエレベーターの設置義務はない。とはいえ、3階建て、4階建ての低層マンションでもエレベーターが付いているのは、設置義務はなくても、その建物を利用する人や居住者の生活利便性、ひいては建物の資産価値の観点から設置されている。

いまの時代、エレベーターが付いていないマンションは、売ろうとしてもなかなか売れない不動産ならぬ負動産になりかねない。

「普通借家」と「定期借家」

清子さんのマンションは、なかなか買い手が見つからないため、2年間の普通借家契約で賃貸に出すことになった。普通借家契約とは、いちばんスタンダードな賃貸借契約である。契約期間は一般的に2年契約が多く、1年未満は設定できない。契約期間が終わる前に更新の手続きを行う。また戻ってそこに住む必要があるなど正当な事由がない限り賃主から解約や更新の拒絶はできない。

一方で定期借家契約とは、転勤や建て替え予定、不動産投資などの理由ではじめから契約期間を限定した契約制度のことをいう。契約期間が終了した段階で借主と貸主の契約を終えられる。ただし、契約更新はできないが（借地借家法第38条第1項）、契約期間の延長について禁止はされていない。当事者の合意があれば、いつでも契約期間を延長することができる。一般的には普通借家より、賃料設定が安い傾向にある。

なお、田川さんが不動産屋に支払った賃貸の仲介手数料だが、規定通りに請求してくる会社は稀である。賃貸の仲介手数料は法律で上限が決まっており、どの不動産会社でも最大で「家賃の1ヵ月分＋消費税」つまり1・1ヵ月分が上限となる。なお仲介手数料は消費税の課税対象である。

つまり、借主が家賃0・55ヵ月分（50％）の仲介手数料を支払う場合、貸主から貰える仲介手数料は、家賃0・55ヵ月分までになる。そのため借主・貸主の両方から仲介手数料として1ヵ月分＋消費税を貰うのは不法行為になる。

それなのに田川さんは、なぜ1・1ヵ月分請求されてしまったのか。じつは宅建業法では、「依頼者から承諾がある場合に限り、1ヵ月分請求しても良い」と例外が認められている。この依頼主とは一般的に借主を指すことが多く、借主（賃借人）からは、1・1ヵ月分の仲介手数料として、また、貸主からは宣伝広告費とか管理業務委託報酬という名目としてもらっているケースが多い。仲介手数料でなければ、問題はないというカラクリなのだ。

団信とは？

団体信用生命保険（団信）とは、住宅ローンの返済中に万が一のことがあった場合、生命保険会社から支払われる保険金によって、残りの住宅ローンが完済される保障制度をいう。当然ながら完済後は、住宅ローンの返済は不要になり、残された家族はいままで通り安心してマイホームに住み続けることができる。

民間金融機関の住宅ローンでは団信への加入を義務付けられていることが一般的だが、住宅金融支援機構のフラット35では加入は任意となっている。

保険金は、死亡または視力を失う、両腕を失うなどの「高度障害状態」になった時などに支払われるとされる団信が多い。

このように団信だけだとカバーできる範囲が少ないため、生命保険の内容と比較しながら、可能なら、3大疾病（がん・急性心筋梗塞・脳卒中）なども債務弁済される特約にも入るべきだ。金融機関によっては、上皮内新生物や大動脈瘤解離、皮膚がんなども保障する「11疾病保障団信」や、すべての病気・ケガを保障する「全疾病保障」を取り扱うこともある。

住宅ローンは返済期間が長期間になることも多く、不測の事態も考える必要がある。一般の生命保険に加入していても、受け取った保険金は生活費に回さざるを得ず、マイホームの返済までは回らないこともある。住宅ローンは借りられるか、借りられないか、金利ばかりに目が行きがちだが、任意でも団信と必要に応じて特約に加入することをおすすめする。特約付き団信は加入時の年齢制限があることも多く、よく比較検討したい。

住宅ローン控除とは？

住宅ローン控除とは、住宅購入やリフォームする際にローンを組んだ人の経済的な負担を軽減してくれる制度である。控除とは、納めるべき税金から差し引くという意味。一定要件のもと、マイホームを購入した時から原則10年間、土地と建物に対するローン残高に応じた金額が所得税から差し引かれ個人に戻ってくる。正式名称、「住宅借入金等特別控除」といい、住宅ローン減税といわれることも。ケースによっては一部、翌年の住民税から控除される場合もある。

たとえばマンションを買って年末時点で４０００万円の借り入れ残高があり、ローンの返済期間が10年以上ある時、原則控除率１％なので40万円の税額が控除になる。もし所得税が35万円なら差額５万円は、翌年の住民税から控除される。なお、２０２２年度の税制改正では、控除率０・７％、新築の控除期間13年に変更されている。

田川さんが、住宅ローン控除が使えない部屋だから購入希望者の幅が狭まってしまうと嘆いていたのは、清子さんが購入したマンションが住宅ローン控除の床面積要件、「50㎡以上」という要件に当てはまらないからだ。しかし2021年の春の税制改正で面積条件が、床面積50㎡以上が、「40㎡以上」から受けられるようになった。これは、単身者の購入をうながし不動産市場をより活性化させたい政府の旗印のもと行われた改革である。清子さんのマンションは、41・3㎡なので大喜びしたのだが……。

じつはこの面積は、登記所に登録される「登記簿面積」で判断される。たとえば不動産広告で、専有面積が50・80㎡（壁芯）とあっても、登記簿上は48・26㎡で住宅ローン控除は受けられなかった、というのは従来からよく聞く話である。

不動産広告の面積は、壁の厚みの中心線で測る、「壁芯」が多い。マンションの登記簿面積は、壁の内側だけの面積、「内法（うちのり）」で壁の厚みを含まない。壁芯と内法では5％近く違うこともある。つまり、清子さんのマンションは、不動産広告の面積では、41・3㎡だが、登記簿面積では40㎡ないのである。

しかもこの面積の緩和だが、「40～50㎡」の住宅については、「年間所得金額が1000万円以下」という条件が付く。従来の50㎡以上では年間所得2000万円以下が条件であることを考えると厳しい所得制限である。さらに、売主が個人で建物に消費税がかからない「中古住宅」を購入した場合は、40㎡から住宅ローン控除は受けられない。面積が緩和された分、ほかの条件が厳しくなった印象である。

「50㎡以上」の条件に注意

この「50㎡以上」は、次の税特例でも条件になることが多い数値である。

- 「住宅取得等資金贈与」の特例
- 「登録免許税」の軽減
- 「不動産取得税」の軽減
- 「固定資産税」の軽減
- 「すまい給付金」の受給

これら特例は床面積以外にもさまざまな要件がある。税特例を使いたい場合、必ず不動産屋や税務署、金融機関に事前に相談することが得策だ。住宅の購入は金額が大きいため、控除や助成などを利用できることを知っているか知らないかでは大きな違いが出る。また自分が持っているマンションで、購入検討者が控除などを利用できるかできないかでもマンションの資産価値に大きく影響する。

田川さんが新たに買った新居では、これらを教訓に登記簿面積50㎡以上のマンションを購入した。田川さんのようにギリギリ特例を受けられなかったということがないようにしたい。

マンション空き部屋問題

田川さんの事例の関係でいえば、マンションの空き部屋問題も深刻な問題だ。戸建ての空き家以上に、マンションの空き部屋は把握しにくいといわれている。マンションの「空室戸数割合」をみると、空室があるマンションの割合は、前掲の「マンション総合調査」で37・3％で、完成年次が古いマンションほど空室がある割合が高くなる傾向にある。さらに「賃貸戸数割合」では、賃貸住戸のあるマンションの割合は74・7％で、やはり完成年次が古いマンションほど賃貸住戸のあるマンションの割合が高くなる傾向が見られる。

つまり、築年数が経過した高経年マンションほど賃貸に出されている住戸や空室が多いのである。賃貸に出せているうちは、賃料によって現金化できておりそこから管理費等の支払いが見込めるため、まだいいともいえるが、所有者自らが住む場合と、賃借人が住む場合ではどうしてもマンションの扱いに違いが出るといわれる。

　所有者が多いマンションと賃借人が多いマンションを比べると、共用施設の使い方、ゴミ収集のマナーなど、物件への愛着度の違いによる居住に対する相違が生まれやすい。ただ賃借人が付き、毎月賃料が入るのであれば、そのマンションは資産価値があると客観的に証明されたともいえる。

　一方で空室の場合でも、管理費や修繕積立金は毎月かかり、固定資産税や都市計画税が免除されるわけではない。誰も使わない、収益も生まない空き部屋への管理費等の負担は重く次第に滞納になりがちだ。催促しようにもしまいには連絡すらとれなくなることもある。

　賃貸に出せているうちはまだいいが、エレベーターがないマンションのその後はなかなか厳しいものがありそうだ。

事例4

買い替えよりもフルリノベーションを選択

物件概要…3LDK　74・08㎡／14階建て14階／築33年62戸／最寄り駅　徒歩5分
資金概要…住宅ローン返済中、わずかに残債あり
家族構成…夫64歳、妻62歳、子供1人（長女34歳）、孫1人（2歳）同居

物件価格の高騰で、新築マンションへの買い替えがためらわれる昨今。住んでいる物件をフルリノベーションして、いまの家族構成にあった間取りへ変更するのも手だ。ただ、認められる工法や受けられる控除など、物件の現況や管理組合によって変わってくるため注意したい。

リノベーション、仮住まい、リフォームローン

一人娘が孫を連れて帰ってきた

都内のマンションに住む糸井正さん（仮名）は、まもなく定年を迎える。再雇用の話もあったが、新卒から同じ会社でずっと働き詰めだったこともあり、一旦ゆっくりと過ごしたいと思い区切りをつけることにした。定年後は、ずっと積ん読になっていた読書やプラモデルなどの趣味を楽しみたいと思っている。そんな矢先のこと、長女の真由美さんが離婚し、孫の結愛（ゆあ）ちゃんとともに実家に戻ってくることになりそう、と妻の洋子さんから聞いた。

なかなか会えない孫に毎日会えるのは嬉しい一方で、定年後の正さんの趣味や自由な時間はどうなるのかと頭をよぎったが、一人娘の一大事にそんなことも言っていられない。「一時的でも実家に身を寄せなさい」とすぐに連絡をした。

まもなくして真由美さんと結愛ちゃんは、真由美さんが子供の頃に使っていた洋室で一緒に暮らすことになった。一緒に暮らし始めると、洋子さんと二人暮らしの時とは違いとても賑（にぎ）やかだ。洋子さんも楽しそうである。

ただ、しばらくすると真由美さんが、子供の頃に使っていた部屋だと狭いと言い出した。とはいえリビングで寝泊まりさせるのも……。それに結愛ちゃんが部屋の中を自由に歩き回るためちょっとした段差も心配。しかも剝がれかけている壁紙を引っ張るイタズラには困ったものだ。

定年後に老後の住まいについて、ゆっくり検討しようと思っていたが、マンション自体に不満はなくむしろ気に入っているので少し前倒しだがこれを機に、間取り変更などリフォームをしようかと考えた。

洋子さんは、リフォームするなら、食洗機付きの最新システムキッチン、浴室には追い焚き機能と浴室乾燥機が欲しいという。正さんが欲しいのは、趣味を楽しめるサービスルーム（小部屋）だ。

リノベーションを決断

じつはリフォームしようと決定する前に、買い替えもいいかとも思い週末を利用し家族の要望にあうマンションを何件か見学した。しかし、価格が高騰しており、到底手が出なさそうなことがわかった。むしろ、東南角部屋で日当たりが良く、立地などの周辺環境も含めて、自宅マンションの良さを再確認したため、思い切ってリフォームという決断にいたったわけだ。

真由美さんの要望である部屋を広く、正さんの要望である小部屋をつくるため間取りを変更する。和室はなくしてすべて洋室へ。食洗機付きのシステムキッチンなど水回り設備のフル交換、段差解消のためバリアフリー対応も検討することになった。糸井家のような大がかりなリフォームを、近年ではフルリフォームやリノベーションと言うようだ。

何から始めたらいいのかわからないので、近所でリフォームした人に聞いて業者を紹介してもらった。管理員にも相談し管理会社グループの業者を紹介してもらった。管理員には、「リフォームする際は事前に、『専有部分修繕等工事申請書』と工程表や仕様書、設計図などの添付書類をつけて、理事長宛（管理事務室）に提出が必要です。承認されればリフォームできます」と言われた。マンションでは自分の部屋なのに、自由に工事してはダメなんだなと正さんは少し驚いた。

またリフォームする際は、掲示はもとより近隣への挨拶、養生は忘れずにとのことだ。こちらへんはマンションに慣れたリフォーム業者なら、業者が対応してくれる。

まずはご近所と管理員に紹介された2社の業者に見積もりに来てもらった。見積もりは無料。いろいろ相談し、プロ視点のアドバイスはとても役に立った。あとリフォームの一括サイトも使い、見積もりを取得した。

その際にリフォーム業者から聞いて正さんが驚いたのは、天井と床のことである。マンションで理想的な天井と床の構造は、「二重天井・二重床」だそうだ。

「糸井さま宅は14階建てで、二重天井・二重床ですので間取り変更も問題なくできそうです。15階建てだとリフォーム内容が制限されてしまうことがあるので、良かったですね」

14階建てと15階建てでは違いがあるらしい。15階建てだと階高が低く「二重天井・直床（じきゆか）」や「直天井・直床」になっている場合があるという。

その後も、再見積もりなどのやり取りをし業者を選定した。まずは設計を依頼し、工程表なども完成したので業者から、管理組合の理事長宛に「専有部分修繕等工事申請書」と添付書類をつけて、申請してもらった。１週間ほどで無事に承認されたと連絡があり、業者と工事請負契約を締結、リフォーム工事が行われることになった。

リフォーム期間中はホテルに仮住まい

壁紙の張り替えや一部設備のみを交換するなら問題ないが、今回はスケルトン状態にして間取り変更や水回り設備なども交換するため、工事期間中は住めない。そのため仮住まいをすることになる。

ウィークリー・マンスリーマンション、賃貸マンション、ホテル住まいなどが候補にあがった。まず一般的な賃貸物件は2年契約で敷金・礼金・仲介手数料がかかってしまうのですぐに候補から外れた。家具付きのマンスリーマンションは最後まで有力であったが、結局、ホテルの長期滞在プランを選択した。いまホテルは新型コロナの影響で安価に滞在できることが多い。まさにコロナ禍ならではの滞在先といえるかもしれない。

これを機に粗大ゴミは捨て、リノベーションの妨げになる家具などは、トランクルームに預けた。

ホテル住まいは、最低限ではあるが家具付き、水道光熱費・インターネット接続料込み、掃除・ゴミ捨て不要ととても魅力的だった。実際にホテル住まいをしてみると部屋の広さ以外は快適で、ホテルマンの「お帰りなさいませ」の声かけになんだかセレブになった気分がした。

リフォーム費用は控除になるので現金で支払う

約3ヵ月半後、無事に工事は終わった。見積もり取得や設計などをあわせると半年以上かかったが、部屋は見違えるほど明るくキレイになった。それぞれ部屋の広さは変わったものの、間取りは3LDKのままである。リフォーム業者からは2LDK+Sもすすめられ、最後まで悩んだ。Sとは、サービスルームのこと。

リビング近くの和室は洋室に変更、リビングを少し小さくしたことで、真由美さんが希望する広さの部屋ができた。もともとの真由美さんの部屋は、広さは変えずウォークインクローゼットを設置し、正さんの趣味の小部屋となった。ＷＩＣと略され、糸井家の正式な間取りは、「３ＬＤＫ＋ＷＩＣ」となった。ＷＩＣは荷物だけでなく、なかに作業机も設置したので、こもりながら作業をすることもできる。

洋子さんの希望通り、食洗機付きのシステムキッチンに交換した。浴室とトイレもリニューアルし、浴室の追い焚き機能や浴室乾燥機、トイレのフタや便座の自動開閉機能を付けた。

また玄関からベランダまで段差のないバリアフリーにすることができ、各部屋はスッキリとした環境に仕上がった。それは階高があり二重天井・二重床の構造だったため、配管設備などを空間に収納できたことが大きいという。これで結愛ちゃんが歩き回っても大丈夫だし、老後も安心である。

約６８０万円の費用に関しては、すべて現金で支払った。当初は３００万円は現金で支払い、残りは住宅ローンの残債がある金融機関で固定金利１・８％、返済期間７年間の無担保ローンを借りる予定だった。その時のシミュレーションによると毎月の返済額は５万円。

そして定年後に退職金で住宅ローンの残債とあわせて繰り上げ返済しようかと思っていた

のだが、リフォーム費用も所得税控除になると聞いて全額現金で支払うことにしたのだ。

リフォーム後、キッチンが新しくなったからなのか、洋子さんの機嫌がいい。洋子さんと真由美さんで料理する機会が増え、料理の品数も増えた。正さんも女性ばかりのわが家に男の隠れ家ができたことを誇らしく思っている。まもなく迎える定年後には、思う存分この部屋で趣味に没頭したいと正さんは思った。

事例からわかること

リフォームにかかる費用

実際にリフォームしようと決めても、どれくらいの予算が必要なのか。相場はどれくらいなのか。見当も付かない人も多いのではないか。

じつはリフォーム費用には定価がないため、上を見ればきりがないし、工事内容や部屋の広さによっても変わってくる。

では世間一般ではどれくらいの費用をかけているのか、リフォーム箇所別におおよその相場を見ていきたい。相場がわかれば、リフォーム業者ともスムーズに話を進められるであろう。なかには相場より高い業者もいるので参考にしていただきたい。

○水回り
キッチン……50万〜１５０万円
浴室……60万〜１２０万円
トイレ……15万〜40万円
洗面化粧台……10万〜30万円
ガスコンロ……10万〜20万円
ＩＨクッキングヒーター……15万〜20万円
ガス給湯器……15万〜25万円
エコキュート……40万〜50万円

○居室
リビング……１００万〜１５０万円
ダイニング……60万〜90万円
寝室……40万〜80万円

○そのほか
収納……20万～30万円
フローリング・床……60万～90万円
壁紙・クロス張り替え……5万～10万円
廊下……20万～30万円
玄関……40万～50万円

たとえば、キッチンだとコンロやレンジフードなどの一部交換なのか、キッチン全体の交換なのかで費用が変わってくる。

またキッチンのサイズや性能のほか、壁付けタイプから場所を移動して対面キッチンにしたり、アイランド型への変更は大がかりな工事になるため費用もかかる。

浴室は、昔ながらのタイルやコンクリートなどで作られた在来工法という浴室から、ユニットバスに変更するリフォームが多い。在来工法は部屋に防水加工を施したもので、年数を重ねるとタイルのヒビ割れなどが起こる。修理のタイミングでリフォームを検討したり、浴槽のみ交換や、床や壁など内装の変更だけ行うこともある。

リフォームには、業者に支払うリフォーム料金以外にも設計費、リフォーム期間中の駐車場代、トランクルーム代、仮住まい代など、細かな費用がかかることが多い。どのような費用がかかるのか、工事前に必ず確認しておきたい。

リフォーム業者の探し方

リフォーム業者探しは大変だが、最低でも3社など複数社から見積もりをとり検討すべきだ。仕様や項目が違うと比較できないため、再見積もりなどで統一するとよい。比較する際のポイントとして、次のようなものがあげられる。

- 希望するリフォームと同様の工事実績があるか
- 予算や要望にあわせた提案があるか
- 質問に対する回答が的確か
- 担当者との相性は良いか
- デメリットも説明してくれるか
- 保証、アフターサービスがきちんとしているか実績や相性なども考慮して、ベストな会社を見つけたい。できれば近くのリフォーム業者だと何かあった時にすぐ対応してもらえる安心感がある。

また、リフォーム業者の中でも、得手・不得手もさまざまである。リフォーム業者の違いや特徴については、次のようなものがある。

○リフォーム専門会社

地域密着型の中小企業も多い。リフォーム全般に対応しているところもあれば、壁紙の張り替え、水回り設備の交換など、業者によって施工できる範囲は異なる。

デザイナー・建築士・介護福祉士など専門的な知識を有したスタッフが在籍している業者もある。

○設計事務所や建築家

設計料が別途かかることもあるが、デザイン性、オリジナル性にこだわりたい場合や、リノベーションなど大がかりな工事を行う場合に適している。介護・バリアフリーリフォームなどに詳しい業者も多い。

○工務店
自社で設計から工事まで担当している業者もあれば、提携している設計事務所のデザインに従って工事のみを行う業者もいる。対応できる工事内容は広範囲の傾向がある。

○職人系
建具屋、サッシ屋、大工、クロス職人など、一部分の工事において力量を発揮するプロも多い。内装、ドア、窓などの工事に特化した職人が経営する業者もある。

○家電量販店、ホームセンター
家電量販店やホームセンターが運営するリフォームサービス。店舗でも扱っている大手メーカーの既製品を中心に施工してくれる。

トイレだけ交換したい、コンロだけを交換したいなど、シンプルなリフォーム向き。金額を抑えやすいという点も魅力。

○住宅設備メーカー系
LIXILやTOTOなどの住宅設備メーカーは、自社製品を取り扱う工事店とのネットワークがある。すでに希望商品やメーカーが決まっている場合、利用しやすい。エリアによってはショールームがありイメージも湧きやすい。

○ハウスメーカー系

ハウスメーカーの子会社もしくは事業の一部で、リフォームサービスも展開。地域を問わず全国的に対応できることも。

○電気、ガス、水道などのインフラ系

電気、ガス、水道を供給している系列店。電気配線工事、ガス配管工事、水漏れ修理や、給湯器の交換など、それぞれの専門分野を活かしたリフォーム工事が中心である。

リフォームとリノベーションの違いとは

リフォームする際に必ず出てくるリノベーションという言葉。リノベーションは比較的最近出てきた言葉でリフォームと同じように使用されていることが多い、実際に違いはあるのだろうか。

一般的にリフォームとは、壊れていたり、汚れていたり、老朽化したりしている部分を直して新築の状態に戻すことをいう。壁紙の張り替え、ユニットバスの入れ替え、キッチン設備の交換などがリフォームに該当する。

一方、リノベーションとは、既存の建物に大規模な工事を行い、住まいの性能を新築の状態よりも向上させたり、価値を高めたりすることをいう。たとえば、デザイン性の高い住まい空間に改良、テレワークができる間取りに変更、耐久性や耐震性を高めるため壁を補修、壁の仕切りをなくし広々としたリビングダイニングキッチンにするなどがリノベーションに該当する。

リフォームが元の状態に戻す（マイナスからゼロにする）ための機能回復だとしたら、リノベーションは新たな機能や価値を向上させ（マイナスやゼロからイチ以上にする）ことである。ライフスタイルや生活環境にあわせてアレンジできるので、近年リノベーションの人気が高まっている。

リノベーションはスケルトン・リフォームともいい、すべてを解体し、構造躯体だけにして改修を行うことも多い。部分的な改修を行うリフォームに比べて、工事の規模が大きい。

糸井さんはリフォームをしたと思っていたが、実際はリノベーションを行っていたのである。

国交省実施の「令和2年度住宅市場動向調査」によると、リフォーム実施世帯における施工者に関する情報収集の方法については、「以前から付き合いのあった業者」が34・7％で最も多く、次いで糸井さん宅と同様に「知人からの紹介」が26・3％、インターネット12・3％と続く結果が出ている。

糸井さんが希望していた小部屋はDENやサービスルームといわれる。建築基準法では「居室」扱いにはできない部屋をいう。建築基準法で「居室」とは、生活や仕事のために人が長時間過ごす部屋のことで、「採光に必要な窓などの開口部が床面積の7分の1以上」「換気に必要な開口部が床面積の20分の1以上」といった面積の最低ラインが定められている。

また、2003年建築基準法の改正で、シックハウス対策のための24時間換気システムが義務付けられた。24時間換気システムとは、窓を開けなくても外気の空気を室内に取り入れ、室内の空気を外に排出する設備をいう。つまり室内を換気して常に空気の入れ替えが行われる仕組みのこと。'03年以前に建築された住宅だと設置されていない場合もある。この24時間換気システムはコロナ禍で需要が高まっている設備でリフォーム時に後付けできる。

14階建てと15階建てでは大きく違う

糸井さんがリフォーム業者から聞いた、たった1階（階高）違いに、大きな差があるのをご存じだろうか。

マンションの建物は、31m、45m、60m、100mを区切りに、それぞれの高さによって、建築基準法と消防法で満たさなければならない条件がある。高くなるにつれて基準は複雑になり、設計と建築の費用がかかる。

たとえば31m超だと建築基準法第34条第2項の規定で、「非常用の昇降機を設けなければならない」とされる。

この非常用昇降機は、通常のエレベーターより設置費用と維持管理に係る費用がかかるので、マンションの場合、除外規定の「階数4以下の主要構造部が耐火構造の建築物で、100m²以内ごとに防火区画されたもの」を適合させて、非常用昇降機を設置しないことが多い。

ちなみに近年話題のタワーマンションに該当する高さ60mを超える建築物は、構造耐力上問題がないことを証明する国土交通大臣の認定が必要で、消防法上、ヘリポートなどの費用もかかる。非常用昇降機を設置するぐらいなら、大臣認定にし超高層(60m超え)にしたほうが経済性があるともいわれる。

分譲マンションは、販売戸数や販売価格、建築コストなどから総合的に勘案して、建築計画をたてるが、建築物の高さによる法令の制限は大きな影響がある。一般的に建築上の基準と費用バランスが良いといわれるのは45m。そのため日本のマンションはギリギリ45mの高さにし、階数を「地上14階建て」にするか「地上15階建て」にするか、ということになる。

14階でも15階でも建築基準法上は、合法であり問題はないのだが、費用対効果で考えると15階建てにしたほうが、デベロッパーとしては販売戸数が増えて儲けが大きくなる。一方で住み心地には大きな影響がある。

たった５㎝の差が住み心地に大きく影響

まず14階建ての階高はおおむね３ｍ以上に対し、15階建ては３ｍ以下となり、当然ながら天井高も低めとなる。

たとえばリビングダイニングの天井高でいえば、14階建てが２・５ｍだとすると、15階建ては２・４５ｍ。玄関扉の開口部の高さであれば、14階建てが２・０～２・０５ｍだと、15階建ては１・９～１・９５ｍになる。

開口部の高さは、身長プラス30㎝が理想といわれるので、日本人男性の平均身長を１７０㎝とすると２ｍになるが、15階建てではその高さを満たさないため圧迫感を感じることになる。

さらに、階高が低いと、理想的とされる「二重天井・二重床」ではなく「二重天井・直床」や「直天井・直床」になることが多い。

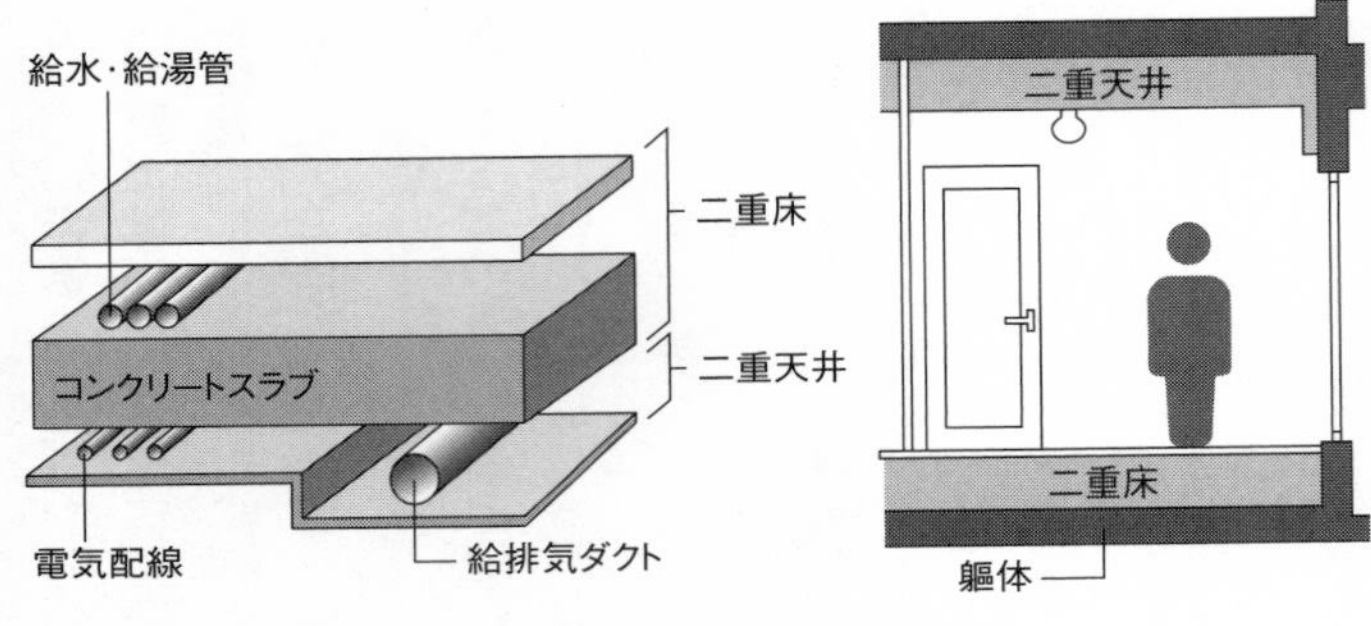

二重天井・二重床の仕組み

二重天井・二重床の場合、床と床の間にできる空間に給水・給湯管、給排気ダクトや、電気配線などを設置できる。特に水回り、給排水の配管設備は、水は上から下に流れるので、パイプに傾斜をつけるため十分なスペースが必要だ。

この二重床の空間に配管などを収納できるということは、段差のないバリアフリー対応にもできる。さらに空間があるぶん階下への遮音効果が高いといわれる。

一方、直床とは、床と躯体の間に空間がなく、直にコンクリート層になっている構造をいう。

直床は、給排水管の設備を設置する場所（空間）がないので、床下に空間を作るため段差をつけて、その空いたスペースに配管設備を設置する。つまり、水回り付近の床が高い段差になり、生活空間を押し上げることになる。

また十分なスペースがある二重天井・二重床は、それぞれの設備の移動が可能で、リフォームなどで大幅に間取りを変えたい時にも対応できる。しかし直床の場合、特に水回り部分はほぼ固定して造られているため、間取り変更は難しい可能性がある。つまり15階建ては、設備の配置によっては、設備の交換など将来のリフォームが難しい可能性がある。

しかし直床にもいいところがある。それは二重床に比べて安価で、施行する上で必要となる縦幅が短い分、部屋の天井を高くとれるため、階高が低いマンションで多く採用されている。

１棟の販売戸数が増え、１戸当たりの建築原価を抑えられれば、分譲価格も安くでき安く購入できる可能性がある。特に地価が高いエリアでは歓迎される傾向もある。また戸数が増えることで、毎月の管理費等の維持管理のコスト負担を抑えることもできる。

バリアフリーへの対応

高齢者等対応設備とは、高齢者などが毎日の生活を支障なく行うことを目的として住宅に設置された設備をいう。具体的には、

①手すり（トイレ、浴室、廊下など２ヵ所以上の設置）
②段差のない室内

③廊下などが車椅子で通行可能な幅（おおむね80cm以上）
④浴室・トイレの暖房設備

「令和2年度住宅市場動向調査」においても高齢者等対応設備が整備されている割合をリフォーム前後で比較すると、リフォーム後の整備率が高くなっており、リフォーム後は「手すり」22・5％、「段差のない室内」11・7％、「廊下などが車椅子で通行可能な幅」7・0％、「浴室・トイレの暖房」16・7％、「すべて満たす世帯」は2・7％となっている。

糸井さん宅ではリフォームした際に浴室とトイレに手すりも付けたため、すべてを満たしている。糸井さん夫婦は元気なうちにと実費で行ったが、手すりの取り付けや段差解消、引き戸への扉取り替えなどのバリアフリー化の費用は、要支援や要介護認定されると給付される制度（支給限度基準額20万円の9割が上限）がある。バリアフリーにするリフォームを検討する際は、該当する給付金や助成金を調べるのをおすすめしたい。なお給付を受ける際は申請するのをお忘れなく。

リフォームで控除が受けられることもある

それでは糸井さん宅は何も支援を受けられなかったのかというとそうではない。自宅マンションをリフォームした場合、工事内容や諸条件を満たせばリフォーム費用は減税対象となり、所得税控除を受けられる可能性があるのだ。

リフォームのため5年以上のローンを利用していれば「住宅ローン減税」「ローン型減税」、ローンを利用しない場合や5年未満のローンなら「投資型減税」が対象。対象となる不動産はそれぞれ「延床面積50㎡以上」「自らが居住する」「耐震性能を有する」など一定の条件がある。

糸井さんは、投資型減税を利用した。それはまもなく定年でいまのところ再就職を予定していないからだ。投資型減税だと控除期間が1年になる。なお、65歳以上だったら固定資産税の減税も使える。

また、所得税以外にも、リフォームを行うことで申請できる減税措置がある。たとえば固定資産税は、次のリフォームを対象とし、工事完了後3ヵ月以内に対象不動産がある市区町村に届け出ると、固定資産税が減額される可能性がある。

- 耐震リフォーム：リフォームを行った翌年、家屋にかかる固定資産税の2分の1が減額となる（床面積120㎡相当分まで）。「バリアフリーリフォーム」「省エネリフォーム」との併用はできない。
- バリアフリーリフォームや省エネリフォーム：リフォームを行った翌年、家屋にかかる固定資産税の3分の1が減額となる（バリアフリーリフォームは1戸当たり床面積の100㎡相当分、省エネリフォームは1戸当たり床面積の120㎡相当分まで）。耐震リフォームとの併用はできない。

また、リフォームすることによって、「長期優良住宅」の認定を受けると、リフォームを行った翌年、家屋にかかる固定資産税の3分の2が減額（耐震・バリアフリー・省エネいずれのリフォームとの併用はできない）される。

このように、住宅をリフォームする場合、補助金や助成金のほか、すべてのリフォームが減税対象ではないが、所得税などの税金が控除される可能性があることを覚えておいて欲しい。税制は年度によって変わるので、リフォームをする際には、必ず税務署や税理士などに相談し、該当する場合は、忘れずに活用したいものだ。

売却前にリフォームすべきでない理由

糸井さんの場合、売却をせずに、自ら住むためのフルリノベーションという選択をしたが、自宅マンションを売却しようと思った時、室内はリフォームすべきか、現況のままでいいのか、悩む人も多いのではないか。

結論からいうと、業者並みのリフォームやリノベーションができるならするべき。しかしお金や手間暇をかけて、中途半端なリフォームをするなら、かえって損をする可能性が高いためやめておいたほうが無難である。

もちろん、内装や設備が古いものより、キレイな物件のほうが買い手への印象は良く売れやすい。実際に、あなたが中古マンションの購入を検討しているとして、SUUMOなどの不動産ウェブサイトに、同じマンション内で、リフォーム済みの物件とそうでない物件が同じ価格で並んでいたとする。まずはリフォーム済みを選ぼうとするのではないか。

しかし、内見して室内が好みではなかった場合、選択肢から外すであろう。つまり、買い手のニーズに合わないリフォームは、せっかくの見込み客が候補から外してしまう、というリスクがある。

また、購入を検討している人の中には、そもそも購入後に自分好みにリフォームを検討している人もいる。リフォーム前提で購入を考えている人にとってあなたのリフォームは、「余計なお節介」になるケースが高く、むしろ現況で安く物件を手に入れられるほうがありがたいであろう。

さらにフルリフォームには、数百万円の費用がかかる。その費用を回収するには、実際にリフォームでかかった費用を販売価格に上乗せしなければならない。もしその価格が相場より高いと売りにくくなり、結局損をしてしまう可能性がある。

たとえば400万円のリフォームをしても、それより高く売れる保証はない。せめてもと100万円の部分リフォームをしようとすると、中途半端なリフォームになりがちである。

また都心部を中心にすでに中古マンションの価格が高騰しているいま、買う側からするとなんとか予算内で納めるため、まずは一次審査として「価格」に注目して物件を探す人が多い。そして予算にあう物件の中から、購入する物件を選ぶ。リフォーム費用が販売価格にのると一次審査で落選してしまうことがある。

なかにはフルリノベーション済みの業者売主物件を見かけることがある。これは不動産屋やリフォーム業者などが買い取り、リフォームを施してから、再販売している物件である。

じつは不動産屋などのプロは、一般の人が行うより安くリフォーム工事ができる。プロ専用のリフォーム業者を使っていたり、リフォーム業者なら自ら行ったり、年間に何十件もリフォームを発注するため、原価を抑え安価に工事ができる。

このように原価を抑えたリフォームが可能なら、販売価格に上乗せするリフォーム代も安価になり利ざやも得られる。しかし一般の売主は、高い原価でリフォームを行わざるを得ないため、販売価格も高くなってしまう。

というわけで、リフォームは自分が住む部屋に施すのはいいが、他人が住む部屋に自己判断で安易なリフォームをするのは、お金も時間も無駄になってしまうだけでなく、リスクを背負う可能性があるのでやめておいたほうがいいという結論になる。

負動産はリフォームしたほうがいいこともある

ここまで散々、売り出す時にリフォームは不要だといってきたが、「負動産」の時だけはリフォームを行ったほうがいいこともある。

たとえば、供給過多で購入希望者が少ないエリアの場合、買い主に選ばれるために何かアピールポイントが必要である。

そうした場合、モデルルームのように設置した家具を一式プレゼントするとか、リフォームして見栄えを良くするなどが考えられる。

つまり、高く売るためのリフォームではなく、「そのままだと売れないので、苦肉の策としてのリフォーム」を選択せざるを得ないというものだ。

なお、売却時にリフォームを検討する場合は、まずは同じマンション内をはじめ、近隣の競合物件の相場を把握することをおすすめしたい。それには、SUUMOなどの不動産ウェブサイトを検索したり、ポストに入っているチラシを見たり、不動産屋に査定依頼をしたりするのが有効である。

また売り出し前にフルリフォームするほどのお金をかけるのはおすすめしないが、安価にでき比較的効果がある方法をご紹介したい。

○ハウスクリーニング

売り出す際に自分で徹底的に掃除するのもいいが、プロによるハウスクリーニングを行うほうがよりいい。

中古マンションは、内見時の印象が鍵を握る。ハウスクリーニングはリフォームより費用を抑えつつ、気になる箇所をキレイに見せることができるため効果的である。

しかし、ハウスクリーニングもやみくもに行うより、効率的に依頼して無駄な費用を抑えられるといいので、水回りに絞るのがおすすめである。

キッチンや浴室、トイレなどの水回りは、買主が気になる場所であり、プロと素人の掃除では質に差が出やすいためだ。

また費用に余裕があれば、玄関、ベランダと窓も部屋の印象が変わるため依頼するとよい。なるべく生活感を取り除き清潔感を出すため、効率的にプロの手を借りるべきである。

○傷や汚れの補修

リフォームしない場合でも、内見時の印象を良くするため、壁紙やフローリングの目立つ傷や汚れは、補修しておいたほうがいい。傷が多い部屋は、他にも不具合があるのではと思われがちである。補修は100円ショップやホームセンターで購入できる道具で簡単に行える。

○プチリフォーム

少額費用なのに物件が美しく見えるようなリフォームは内見時の印象をアップさせる。たとえば、壁紙や畳替えなどは比較的安価で新しくでき、かつ見た目の印象を大幅に変えられる。また水栓や電気のスイッチプレートの交換などもおすすめだ。金銭的な余裕があればトイレのリフォームもいいだろう。なるべく生活感を消すのがポイントである。

リフォームをする際は自己判断せず、まずは仲介を依頼している不動産屋に相談してみるのがいい。過去の取引事例や売り出しの状況を見ながらアドバイスをしてくれる。

なお、不動産屋に専属専任で媒介契約をすると、特典として、ハウスクリーニングや設備点検、軽微な補修などが、無償で受けられることがある。特典と専属専任のメリット、デメリットを考えて判断して欲しい。

また最近、一部業者で新しい取り組みもある。

売却したい物件が空き部屋の場合、業者が費用を立て替え、先行してリノベーションを施してから販売、売却代金が入ったあとにリノベーション費用を精算する、というものだ。

この方法だと売主の事前の金銭的負担はないうえ、プロのリフォームで内装がキレイな状態で仲介して販売することができる。

業者も一旦買い取りしてからの再販ではないため、登記費用や不動産取得税、借り入れの金利負担がない。リフォーム費を立て替えるだけなので、双方にとってメリットがある。

なお万が一、一定期間内に売却できない場合は、事前に取り決めした金額での下取り保証も付く。まだ始まったばかりの取り組みだが、検討してみるのもありだろう。

事例5

終の棲家として買ったはずの住居で思わぬトラブル

物件概要…2LDK　54・87㎡／8階建て6階／築15年38戸／最寄り駅　徒歩4分
資金概要…住宅ローン完済済み
家族構成…夫75歳、妻72歳の二人暮らし

節度を超えた騒音トラブルで、終の棲家にと思っていたマンションを手放さざるを得なくなった。齢70を超え、住宅ローンを完済したばかりなのに、再びお金を借りて住み替えるというのはどう考えてもリスキーだ。どのような制度を利用すれば、精神的負担は軽くなるのか。

騒音トラブル、住宅ローン、リバースモーゲージ、リースバック

60歳でローンを組み75歳で完済

小林幸太さん（仮名）は、妻の弘子さんと都内のマンションで暮らしている。約15年前の60歳の時、老後に備えて新築マンションに買い替えをした。費用は以前住んでいたマンションを売却した資金と退職金の一部を頭金にあてて、残りは住宅ローンを組んだ。

その住宅ローンを組むのが、一苦労だった。いまでこそ完済時年齢80歳未満、なかには完済時年齢85歳未満の金融機関もあるが、当時は70歳が一般的で金融機関によって75歳がある程度であった。

なんとか完済時年齢75歳の金融機関でローンを組み、ようやく半年前に完済することができたが、いま思えば60歳から15年間の固定金利、75歳で完済、という無謀なローンをよく組んだものだと、幸太さんは自分でも改めて思う。

60歳でも借りることができたのは、旧マンションの売却資金と退職金など、新居の購入価格の約半分を頭金として入れることができたこと、マンションが新築だったため物件価値が

高かったことが良かったようだ。もし新居が旧耐震基準のマンションなら審査は難しかっただろうと金融機関の担当者が言っていた。

その銀行の支店とは、現役時代は給料の振り込み、いまは年金の振り込み、公共料金の引き落としと、常日頃から取引があったのも功を奏したようだ。

金融機関の中には年齢を伝えただけで、話をあまり聞いてくれず門前払いに近い店舗もあった。常日頃から付き合いがある金融機関をつくっておくというのは大切だなと幸太さんは痛感したものだ。

また運が良かったのは、団体信用生命保険（団信）にスムーズに加入できたことだ。幸太さんが借り入れた金融機関では、団信の加入時年齢は65歳未満（満65歳の誕生日の前日まで）が対象だった。金融機関によって65歳以下、70歳未満など年齢制限が違うという。ただし、3大疾病保障特約などについては、年齢制限に引っかかり加入することができなかった。特約は、加入時年齢50歳以下、50歳未満、51歳未満などが多いという。

そんな住宅ローンも半年ほど前、無事に完済することができた。幸いにも一度も返済を滞らせず、二人とも大きな病気やケガなどもなく元気である。

最後の住宅ローンが引き落とされたあと、金融機関から抵当権抹消に必要な書類が送られてきた時は、ようやく終わったのだとホッとしたのを覚えている。抵当権抹消登記の手続きは、司法書士に依頼してもいいし自分でも行えるので、幸太さん自身で法務局に申請することにした。旧マンションも自分で申請したので、約15年ぶりの手続きだった。抵当権が外れるとようやく自分のものになったと清々しい気持ちだ。自分で申請し浮いた費用で、ささやかながら二人で返済祝いの美味しい食事をした。

改めて思うのは、60歳前後で新規に住宅ローンを組む時は、組むのが１年遅くなることが、とても影響するということだ。たとえば、幸太さんの場合も50歳で借り70歳完済であれば、団信の特約にも加入でき、もっと金利も優遇され、審査もスムーズだったのかもしれない。何より借り入れる金融機関がいろいろ選べたであろう。

上階からの騒音に悩む

住宅ローンも完済しホッとしたのもつかの間、４ヵ月ほど前から上階のひどすぎる騒音に悩まされるようになった。強烈な足音、何か物を床に投げつけるような音、激しい叫び声……。しかも昼夜問わずである。ここまでの騒音はいままであったことがない。どうも上階の住民は、今年になってから引っ越してきた家族のようだ。

さすがにほぼ毎日となると耐えきれず、幸太さんが管理員に相談したところ、他の住戸からも同様の苦情や相談があるという。その際に心配した近隣住民が通報し、警察がきていたという話も聞いた。

その後、理事会でも話し合いがされ、騒音の注意文を全戸配布し、掲示してくれることになった。すると、しばらくはマシになった。

ところが、またしばらくすると、うるさくなった。再度管理員に相談にいくと、何時頃どんな音がするか、より詳しく教えて欲しいと聞かれ説明をした。

その後、より具体的な騒音内容が書かれた注意文の全戸配布と掲示を、再度してくれた。前回は掲示板のみだったが、今回は掲示板とエレベーター内にも掲示してくれた。功を奏したようでしばらくは静かになった。しかしまた最近、騒音が続いている。

神経質になり過ぎかもしれないが、騒音が気になり眠れないことがある。最近ではちょっとした物音すら気になり生活に支障をきたしている。本当は嫌だったが、勇気を出してメンタルクリニックに通院している。いまのところ軽度で心配はいらないようだが、このいたちごっこのような生活が続くとなると今後の生活が思いやられる。

このままではいけないと思い、行政が主催するマンション管理相談や無料法律相談で相談したところ、騒音は人によって音の感じ方が違うことがあるから、騒音測定器を用いて、数値を記録すると良いこと、測定器は幸太さんの住む市区町村では無料で貸してくれること、数値によっては裁判などで慰謝料が支払われていることもあると知った。

ただし慰謝料は、払われても少額だという。弁護士費用や手間暇などを考えると……騒音トラブルは解決が難しく最終的にどちらかが出て行くことで解決するケースも多いそうだ。

さらに、防音室にするなど技術的に解決するという方法もあるという。防音室は、ピアノ演奏など外に音を漏らさないだけでなく、中にいる人にも効果があるそうだ。完全に防音室を設けるほかにも、壁や床の仕様を変えるという方法もあるという。たとえば、壁の中に吸音材と遮音シートを入れたり、床材を張り替えたり、床材の下にマット素材を敷いたりといった具合だ。その他にも換気口や窓ガラスを防音仕様に取り替えるといった方法もある。ただし、全室を防音室に工事する場合、仕様にもよるが500万円以上かかることもあるという。

ようやく終の棲家として住宅ローンを返済し終えたばかりだが、そんなにお金がかかるならいっそのこと買い替えや賃貸などへ引っ越ししたほうがいいのかと悩む幸太さんと弘子さんであった。

リバースモーゲージ型住宅ローン

リフォームするにしろ、買い替えるにしろ、まとまったお金が必要だ。近所の不動産屋や先日までお世話になっていた金融機関にも相談したところ、リフォームローンだけなら、自宅マンションに抵当権をつけない「無担保ローン」があるという。借入額の上限があり期限が短く、住宅ローンと比べると金利が高いのが特徴だそうだ。

ただし、申込時の年齢制限と完済時の年齢制限があり、相談した金融機関では幸太さんの年齢では申し込みの年齢制限70歳未満に引っかかり難しいそうだ。しかし金融機関のなかには80歳以下を完済時の年齢制限に設定しているところもあるので、あきらめずいろいろな金融機関で相談して欲しいとアドバイスをもらった。

もし買い替えるなら「リバースモーゲージ型住宅ローン」をおすすめされた。簡単にいうと60歳以上を対象に「自宅の資産価値を活かして資金を借りるサービス」だそうだ。住宅金融支援機構により提供されている「リ・バース60」が有名らしい。リ・バース60は高齢になってからの住まいの問題を解決するためのローンで、借り入れた資金の使い道は住まいに関するものに限定されている。

なお、リバースモーゲージは、自宅マンションを担保に資金を借り入れし、生きているうちは利息のみを返済する。元金は亡くなった後に、担保不動産を売却して返済するか、相続人が返済する仕組み。余裕があれば元金の繰り上げ返済も認められている。この仕組みをベースにアレンジされたのが、リバースモーゲージ型住宅ローンだという。

また、「リースバック」というものもあるという。リースバックは、所有している自宅マンションを運営会社に売却して、売却後も自宅マンションに賃貸住宅として住める仕組みだという。以前借りた時とはずいぶん変わったものだと幸太さんは感心した。

せっかくの老後のためのマンションだったが

他力本願ではあるが騒音宅の引っ越しや静かになることを願いつつも、警察に相談や裁判したほうがいいのか、荒立てずに防音室や防音仕様にリフォームしたほうがいいのか。思い切って自宅マンションを売却するか。いつか戻ってくることを前提に一旦賃貸に住み替えるか、一般的な賃貸が借りられない場合は、ＵＲやＪＫＫ東京なども視野に入れるのか。

売却だけでなく他のマンションに買い替えるなら、リバースモーゲージ型住宅ローンを活用するか。その場合「リコース型」か「ノンリコース型」か。どの金融機関で借りるのか。考えれば考えるほど、悩みが尽きない。

正直なところ住宅ローンさえ完済すれば、老後は万全だと思っていた。毎月の返済がない分、趣味や旅行にもお金を回せるとも話していたし、住み慣れたわが家で夫婦穏やかに人生の最後を過ごせればとも思っていた。人生の終盤にこんな予想外のことが起こるとは……。

幸い地価が高騰しており、いま売れば買った時よりも少し高く売れるという。また60歳から借りた住宅ローンが完済済みというタイミングなのは、まだまだ私たち夫婦は運が良かったのかもしれないと、溜息をつく幸太さんだった。

事例からわかること

長期化しやすい騒音トラブル

騒音トラブルは、最新のマンション総合調査においても、居住者間のマナーをめぐるトラブルで「生活音38・0％」と最も多い。騒音トラブルは、一度発生すると解決の糸口が見いだせず長期化しやすい。最終的には、裁判や警察沙汰、引っ越しなども考えられる。

一方で音は人によって感じ方が違い、誰がなんのために出している音なのかわかるとそれほどうるさく感じないこともある。たとえば、日頃から面識のある赤ちゃんや子供が出している音、事前に何日〜何日までリフォームをしますと挨拶があるなど理由がわかっているようなケースだ。子供の顔がわかったり、リフォームなど明確な理由と時期がわかれば同じ音でも、想定内と思えたり心情的に致し方ないと思えたりする。ちょっとした配慮やコミュニケーションが重要なのだ。

またマンションの場合、構造上、真上や隣からの音だと思っていたものが、じつは斜め上や、上の上の部屋が発生源ということもある。天井や壁、床などを経由して振動や衝撃が音として伝わってくるためだ。

それでは、マンションで耐え難い騒音が続いた場合、どのように対処されているのか見ていきたい。

一般的には、小林さんのように管理員に直接伝えたり、管理会社のフロント担当者に相談することが多い。なかにはマンションに目安箱などといった意見を入れる箱が設置されておりそこに入れる場合もある。話を聞いた管理員やフロント担当者が、理事長や理事会に伝え、まずは騒音への配慮を促す協力文や注意文を掲示、全戸に配布することが多い。ただし、トッパン・フォームズが２０１８年にした調査結果によると、マンションを利用している人のうち、集合タイプの郵便受けの場合、毎日確認する人は約８割に留まるという。つまり、チラシを配布しても数日程度見ない、そしてようやくポストを確認しても、じっくり見ない人や、見ても騒音トラブルは自分とは関係ないと自覚しない人もいる。

そこで次に行われるのが、騒音について具体的に発生している音や時間を明確に記した注意文を再度配布する。掲示文は通常よりサイズを大きくしたり、カラーマーカーなどで強調し、掲示板のほか、エレベーター内（ボタン脇）や管理事務室の窓口など目に付きやすいところに貼る。これによってはじめて、自覚し騒音がおさまることもある。残念ながら一般的には管理組合や管理会社としての対応はここまでが多い。

それでもおさまらない場合、騒音主との話し合いで解決することになる。裁判や警察沙汰などと比べると平和的な解決方法ではあるが、騒音発生源であろう相手に直接苦情を伝えるのは、今後の生活にリスクになる可能性がある。もし騒音主だと思っていた人が違っていた場合はどうするのか。また顔見知りであっても近隣との関係を考えると「うるさい」と直接は言えず、ストレスを溜めることになるのではないか。

できれば直接よりは手紙で困っていることを伝えたり、伝言を専門とする便利屋を活用したり、もし管理組合や管理会社が間に入ってくれるなら、電話などで苦情を伝えてもらったり、同席してもらって話し合いを行うのが穏便な方法である。騒音主が「自分が騒音を出していることに気付いていなかった」と素直に認めてもらえる場合、思いのほか簡単に解決することもある。

一方、相手が聞く耳を持っていない場合、解決は極めて難しく長期化しやすい。管理組合や管理会社、二者間の話し合いでも解決しない場合、警察など外部の第三者に相談し、協力要請するという方法もある。あまりに度を越えた騒音が発生している場合、警察に相談することで注意してくれることがある。

もし警察の制止を聞かずに騒音を出し続けた場合は、軽犯罪法違反となる。また警察からの注意後に騒音が再開した場合は、自治体における迷惑防止条例違反に該当する場合もあり、迷惑行為を告発すれば警察からさらに強い対応を講じてもらえることもある。

しかし、ここまで話が広がると騒音マンションと認定するようなもので、マンションの資産価値に影響しかねない。売却時に不動産屋が作成する重要事項説明書に騒音の事実を記載することになり、売却価格が下がったり、そもそも騒音がするマンションを買いたがる人はいないので売れないケースも考えられる。

弁護士に相談し、訴訟（裁判）をするという方法もある。その場合、不法行為（民法第709条）を根拠とした民事事件で訴えることが多い。近年では差止請求や損害賠償請求についても認められる判例もある。

法的手段を取る際は、被害の実証、客観的な証拠が求められるため、うるさかった時の記録や騒音測定器などで実数を測り記録する必要がある。測定器は行政の無料貸出や、近年では無料アプリなどもある。裁判にかかわらず、記録や実数は取っておくと主張する際に役立つ。

ほかには小林さんの事例でも書いたように、防音工事で騒音を低減したり、シャットアウトするという方法もある。効果は大きいが、一部屋で100万円を超える費用がかかるとされ負担は大きい。

手っ取り早いのは、騒音源から離れるため引っ越しすることだが、これも費用面、環境の変化など悩ましい問題が多い。

騒音トラブルは、厳しい言い方をすれば、誰もが被害者や加害者になりかねない。騒音トラブルが一度もないマンションはかなりの少数派であろう。では戸建てならリスク回避できるかというと、騒音おばさん（奈良騒音傷害事件）のようなケースもある。早期発見、早期対処、日頃から近隣コミュニティがあることが、解決の糸口なのだ。

抵当権と住宅ローンの関係

抵当権とは、住宅ローンなどでお金を借りる時に、購入する物件（土地や建物）に金融機関が設定する権利をいう。

借主の返済が滞った場合に備えて、担保にとるということ。抵当権の付いたローンを「有担保ローン」、抵当権の付かないローンを「無担保ローン」という。

担保となった物件に金融機関が抵当権を設定し、住宅ローンの返済が滞った場合、貸し出した資金を回収するため、担保である不動産を競売にかけて、その売却代金を住宅ローンの返済にあてる。

抵当権は、金銭消費貸借契約（住宅ローン契約）の締結日に設定登記を行い、ローンが完済

され れば抵当権の抹消登記を行う。抵当権の設定登記は、金融機関が確実に担保にとるため、司法書士が代行することが多い。

一方、抵当権の抹消登記に関しては、金融機関にとって抵当権が抹消されないことが不利になるわけではないので日付も決まっておらず、司法書士に代行を頼まないで自分で行ってもいい。司法書士に依頼すると実費以外に1万〜2万円ぐらいかかるが、自分で行えば登録免許税と登記事項証明書の数千円程度ですむ。

最後の住宅ローンが引き落とされたあと、金融機関から抵当権抹消に必要な書類が送られてくる。送られてきた登記原因証明情報、登記識別情報（または登記済証）、資格証明書、代理権限証書などを申請書に添えて、管轄の法務局に自分で申請すればいい。

法務局に聞けば、無料で申請方法の相談にのってくれることも多く、郵送でのやり取りやオンラインでも申請できる。しかしオンラインの場合、手続きが煩雑になるので窓口に直接出すほうがおすすめである。明確な期日はないが、金融機関から書類が送られてきてからおよそ3ヵ月以内を目安に自分で行ってみてはどうか。

60歳以上対象のリバースモーゲージ

リバースモーゲージとは、60歳以上を対象に「自宅の資産価値を活かして資金を借りるサービス」をいう。端的にいうと、リバースモーゲージで得た資金使途は自由で、住宅の購入や建築費、リフォームだけでなく、既存の住宅ローンの借り換え、生活費にも利用できる。

リバースモーゲージ型住宅ローンは、リバースモーゲージをアレンジしたもので、その資金は住宅関連資金への融資とされ、生活費などには使えない。

一般的に融資限度額は、担保評価額の50〜60％（長期優良住宅は55〜65％）が相場で、金利は2〜4％程度と、いまの金利相場と比較すると若干高めだが、毎月の支払いは利息のみでいい。

元本の返済については、契約者が死亡した時に相続人が一括返済する「リコース型」と、土地や建物といった担保物件の売却によって返済する「ノンリコース型」のいずれかを選択する。相続時の精算が容易であるという点からノンリコース型のほうが人気が高い。

ただし物件を担保にするため、将来にわたって地価下落リスクが低い首都圏や関西圏といった主要エリアに限られる。また、不動産市場の変動に合わせて担保評価が定期的に見直しされるため、もし契約途中で担保評価が元本（残債務）を下回ると、一括返済を迫られる恐れもある。

さらに適用される金利も変動型で、変動金利の見直しがあった際は、利息のみとはいえ、毎月の支払額が変わり、金利が上昇した際には支払いの負担が増加するリスクもある。

老後に利息だけとはいえ、毎月の支払いに追われ、ゴールは自身の死亡時。子供に物件を残そうと考えている人にとってはノンリコース型だと資産はなくなる。リコース型だと返済で迷惑をかける。むしろ資産などないほうが、相続時の精算が容易で子供には喜ばれるのか、リバースモーゲージを活用する際は、極めて慎重に考えていただきたい。

なお、夫が契約者でも、契約時に妻を連帯債務者としておけば、夫が死亡した後も、妻が死亡するまで契約が継続する。ただし、利息の返済も継続するので支払う必要がある。連帯債務者とは、主債務者の親族（配偶者、6親等以内の血族または3親等以内の姻族）で、かつ当該住宅の同居人などとする金融機関が多い（金融機関によっては、同居の配偶者が満60歳以上の場合は連帯債務者とすること、とあらかじめ規定されているところもある）。

もし妻が連帯債務者でなかった場合、金融機関の承諾を得て、契約者である夫の死亡後、最長3年間の居住となることが多い。この間に引っ越しなど今後の人生設計を組み直すことになる。

なお、当然ながら「リバースモーゲージ型住宅ローン」は、通常の住宅ローンで利用できる団体信用生命保険への加入は対象外になる。

詳細については金融機関によって異なるため、よく確認することをおすすめしたい。可能ならば検討時に子供などの相続人も交えて、方向性を共有しておきたいものだ。

売却した自宅マンションを賃貸で借りる

リースバックという仕組みもある。所有している自宅マンションを運営会社（事業者）に売却して、売却した自宅マンションを運営会社から賃貸住宅として借り家賃を支払う。自宅マンションに住み続けながら資金も手に入れられる。簡単にいうと不動産売買契約と賃貸借契約がひとつになった売却方法である。

リースバックで現金化することで、住宅ローンの残債がある人は一括返済できたり、老後の生活費の一部にあてたり、さまざまな使い道ができる点がメリットである。住宅はすぐに売却できないため資産の流動性が劣るとされるが、資産運用に柔軟性が生まれるのもいい点だ。

また相続税がかかりそうな人は、納税資金の確保のほか、リースバックを利用することで住宅の売却価格が相続税の課税額より低く評価される場合もあり、新たな節税方法としても注目されている。

一方で自宅マンションだったのに、賃貸住宅として住むので、毎月の家賃を支払わなければならない。それに所有権はリースバックの運営会社に移り、契約延長のたびに貸主と借主の双方の合意が必要となる定期借家契約であるため、もし契約延長時に貸主である運営会社が難色を示すようなことがあれば、別の住居を探さなければいけなくなることもある。

賃料については月額当たり「売却価格×期待利回り÷12ヵ月」で計算される。期待利回りは物件の種別や築年数、運営会社の基準によって６～14％程度とかなり幅がある。事前に資金が手に入るとはいえ毎月家賃を支払うのは気が重い。

小林さんの事例だと、そもそも自宅マンションは騒音がし防音室にリフォームするなどしない限りは住み続けたくないので、「終の棲家」として選択することはなさそうだ。

ただし、リースバックを「住み替えのつなぎ」として選択するのはひとつの方法である。現金化できた資金で新居を探したり、将来的に老人ホームへの入居も視野に入れるなら入居待ちの間だけ活用するといった具合だ。

近年、高齢者世帯を中心とした住み替え、老後資金の確保、円滑な相続等を目的として、リースバックを活用した不動産取引が徐々に増加傾向にある。多様なライフスタイルの実現や既存住宅流通市場の活性化、空き家の発生の未然防止につながるものとして期待されている。一方で、リースバックの認知度はまだまだ低く、一連の手続きも煩雑で契約内容等について理解が不十分なまま締結されるなどのトラブルも多い。

こうした状況を踏まえ、消費者がリースバックを検討するにあたって参考となるガイドブックの策定が２０２１年12月より国土交通省で行われている最中である。

事例6

空き駐車場問題に理事長として奮闘

物件概要…3LDK　81・08㎡／10階建て4階／築32年54戸／最寄り駅　徒歩6分
資金概要…住宅ローン完済済み
家族構成…夫66歳、妻62歳の二人暮らし、子供は独立

マンション管理の「金食い虫」と言えるのが、維持費のかかる機械式駐車場だ。近年は車離れも進み、空き駐車場による収入減は管理費と修繕積立金を直撃する。自然災害への備えも必要で、マンション全体で埋め戻しなどを検討したほうがいいかもしれない。

空き駐車場、管理費と修繕積立金不足、理事長の奮闘

空き駐車場問題が長期化

都内のマンションに住む、陣内隆さん（仮名）は、昨年定年退職し妻の京子さんと悠々自適な生活を送っている。そんなところに自宅マンションの役員就任の連絡がきた。役員の連絡がくるのは2度目で、前回は監事であった。

通常総会で承認され、新役員で話し合いの結果、理事長になることになった。現役時代より時間があるし、２回目の役員でなんとなくわかっていたため、これといった不安はなかった。

むしろ定年後に肩書ができたことに内心喜びを感じて、序列化された階級組織で長年働いてきた典型的な日本人だなと自分でも呆れたりする隆さんであった。

新役員ではじめての理事会で、駐車場問題が長期化しているとの説明があった。

陣内さんのマンションは平面駐車場と機械式駐車場がある。駅からさほど遠くはないが、１住戸１台以上が確保され、「駐車場１００％」というのが、新築当時の売り文句であった。

陣内家では抽選で当たった平面駐車場をずっと借りている。平面駐車場は人気があるため、気が付かなかったのだが、近年、機械式駐車場では空きが目立つという。

平面駐車場はさほど維持費はかからないが、機械式駐車場の場合、メンテナンス費用のほか、耐用年数25~30年として1パレット（1台駐車するスペース）当たり150万~300万円程度の修繕費用が必要になるという。

機械式駐車場のメーカーによるメンテナンス費用については、管理会社に毎月支払っている管理委託料に含まれているそうだ。問題は機械式駐車場の修繕費用である。

新築当時の長期修繕計画には、機械式駐車場の項目がなかったため、長期修繕計画を見直す際に、メーカーから機械式駐車場の長期修繕計画を取り寄せ、マンションの長期修繕計画に組み込んだという。

現時点では定期点検の結果をもとに、チェーンやリミットスイッチ（パレットの停止位置を決める制御部品）など、行き当たりばったりに部品交換をしている程度で、大がかりな修繕はしていない。しかし、耐用年数的にそろそろ修繕や交換の検討が必要だという。

より頭を悩ませるのが、空き駐車場とマンション管理組合の財政との関係だ。駐車場使用料は、新築時から管理組合の管理費会計の収入になっており、駐車場の利用率が低下すると、収支にも影響を与える。

管理費会計は一見黒字に見えるが、単年度で見るとすでに余剰金を食い潰しておりマイナス会計、このままいくと数年先には赤字に転落するという。

駐車場問題が管理費や修繕積立金の値上げにも影響するかもしれず頭が痛い。しかも、長期滞納者問題に加え、マンション全体の3回目の大規模修繕も数年先には検討しなければならない。さらに近年、マンション全体で契約しているインターネット回線についても苦情が多いという。一見平穏に感じた自宅マンションは問題が山積みなのを知る。まさか、自分のマンションの管理組合会計が破綻しそうになっているなんて、予想もしていなかった隆さんはショックを受けた。

次回の理事会からより具体的な話し合いがはじまるという。気安く理事長なんて引き受けるべきじゃなかったとがっくりしてしまった。

年間270万円の収入減

1ヵ月後、2回目の理事会が開催された。マンションにある駐車場は、平面式16台（来客用2台含む）、地上1段、地下2段の「ピット式3段」の機械式駐車場が14機（42台分）で、合計58台分のスペースがある。総戸数は54戸なので、たしかに1住戸1台以上確保されている。平面式が1番人気で、次にピット式3段の上段と中段で、下段は人気がない。

新築時に設定された毎月の管理費等は、収入に駐車場利用料が入ることを前提に管理費会計や修繕積立金会計が試算されていることが多いという。特に一家に一台、車を所有していた時代のマンションではその傾向が強く、車離れによって空き駐車場が増えれば増えるほど、収入源がなくなってしまう。まずは陣内さんのマンションの理想的とされる満車時と、現在の収入を見てみたい。

月額使用料／満車の場合

○平面式（屋根なし）月額1台1万5000円×14台＝21万円
　来客用2台は無料
○ピット式3段（14機42台）
上段（地上）月額1台1万4000円×14台＝19万6000円
中段（地下）月額1台1万3000円×14台＝18万2000円
下段（地下）月額1台1万2000円×14台＝16万8000円
○合計月額75万6000円（56台分）　年間907万2000円

月額使用料／現在（38台契約）使用率68％

○平面式（屋根なし）月額1台1万5000円×14台＝21万円
　来客用2台は無料
○ピット式3段（14機42台）
上段（地上）月額1台1万4000円×12台＝16万8000円（2台空き）
中段（地下）月額1台1万3000円×8台＝10万4000円（6台空き）
下段（地下）月額1台1万2000円×4台＝4万8000円（10台空き）
○合計月額53万円（38台分）　年間636万円

現在18台の空きが出ているので、年間で約270万円も収入が少なくなっている。たしかにこれでは、単年度赤字で余剰金を食いつぶしているわけだ。

このマンションでは駐車場使用料の収入は、全額、管理費会計の収入にされているため、差額271万2000円を戸当たりで割ると、年間約5万円を追加で負担しなければ補塡できない。実際の管理費等は、原則「専有部分の床面積割合」で負担する。たとえば、マンション内で一番広い部屋の所有者が車を所有していないとする。車を所有していないので当然、駐車場も借りていないが、駐車場の負担は誰よりもしないといけない。実に不公平である。

そこで理事会で検討の結果、まずは居住者のニーズを把握するため、駐車場についてアンケートをとることになった。また管理会社に管理費会計の赤字黒字のボーダーラインを知るべくシミュレーションも依頼した。

居住者アンケートで意思を確認

次の理事会で、フロント担当者から「駐車場について」アンケートの集計結果が出たと報告があった。

54戸中34戸より回答があった。一見低い数字に見えるが、他のアンケートに比べると回収率がよいという。管理会社の担当が何度も呼びかけをしてくれたこともあるが、駐車場への関心の高さが窺える。

アンケートでは、駐車場使用料が管理組合の収入になっていること、約30％の空きが出ていて収支に影響していることなど現状を簡潔に説明したうえで、駐車場使用者に、今後も使用するか意向を聞いたところ、1～2年程度では80％を超えたが、それ以上となると、わからないという回答を含めて50％を切るという恐ろしい結果になった。理由として、

・車の買い替えを検討しており車種がいまの区画にあうかどうか

- 最近乗らないのでレンタカーやカーシェアリングを検討中
- 数年先に免許返納を予定など

一方で車を所有しており、外部に駐車場を借りている人が一定数いることもわかった。理由は、

- マンション内に空き駐車場があることを知らなかった
- ハイルーフ車だから入らない
- 聞いたら空き区画は地下のみだった。冠水リスクを考え平面式が希望だが、同じ人が借り続けていることに不公平を感じる

と最新の空き情報が伝わっていないこと、駐車サイズがあわないこと、駐車場運営ルールへの疑問も見られた。

外部駐車場の使用者に、今後マンション内の駐車場の使用についても聞いた。

- 収支状況に貢献できるなら借りたい。空き状況を詳しく知りたい

・いま借りている駐車場は、夏日に車内温度が高くなり大変。地下で区画サイズがあうなら
・出し入れに時間がかからない区画なら

などの意見があった。
さらに駐車場について、自由に意見を求めたところ

・原則1住戸1台というルールを撤廃して欲しい
・バイク置場が欲しい
・来客用からも使用料をとったらどうか
・子供などのイタズラを見回りして欲しい
・家族に車椅子使用者がおり、エントランスに車を横付けできるようにするか、ゆとりある平面駐車場をバリアフリー用にして欲しい
・我が家では誰ひとり車に乗らない。なのに駐車場の負担をしなければならないのか

などの意見が寄せられた。

アンケートをもとに対策を打つ

理事会で検討の結果、できることからはじめることになった。

まず、管理員にいつも以上に駐車場の巡回をお願いし、「ここであそぶのは、あぶない！」というひらがなでイラスト入りの貼り紙をラミネート加工で作成し掲示した。

たしかに、一昔前までは、駐車場は「満車」続きで順番待ちだった。いまは空きがあることを知らせるため、掲示板に駐車場の空き状況を定期的に案内することにした。より詳しい最新情報は管理員か管理会社で確認するよう書き添えた。

また外部駐車場の使用者などには、管理員から説明をしてもらった。その結果、3台の車両がマンション駐車場に戻ってきてくれることになった。

また、駐車場のアンケート結果の配布とともに、バイク置場について追加でアンケートをとることにした。その結果6台も希望者がいた。これからバイクを購入する人やマンション内に無断駐車している人、外部に借りている人などさまざまだ。6台バイク置場を新設することになった。

2台は、駐輪場（自転車置場）の空きスペースに白線を引き区画を作った。放置自転車を撤去してできたスペースを活用した。放置自転車の撤去には、何度も呼びかけするなど細心の注意を払った。残り4台は、機械式駐車場の空きパレット（中段2台）にバイク固定装置を付ければ停車できるようになると知り、固定装置を設置してできた区画だ。

バイク置場の月額使用料は、区画やバイクの大きさではなく排気量で決めた。原付1000円、400ccまで3000円、400cc以上5000円である。

来客用の平面駐車場のうち1台は、バリアフリー用の契約者駐車場に変え、車椅子などの人に優先的に平置きと同使用料で貸すことになった。希望者が多い場合は事情を考慮して、それでも判断できない場合は抽選でと理事会では考えていたが、事故で車椅子になられた住戸の人が借りることになった。

来客用の駐車場は、いままで通り平面式1台とその都度、空いているところを活用し、3時間まで500円、それ以上は1日1000円とした。管理事務室で駐車許可証を発行する際に使用料を徴収し、車両の前面ウィンドーに挟み外から見えるようにする。機械式駐車場を来客用として使用する際は、管理員や役員などが立ち会うことにした。

このようないろいろな取り組みをした結果、満車にはまだまだだが、4台の契約が増え、来客用駐車場の有料化、バイク置場の新設と、少しだが改善することができた。

改善前（38台契約）

○平面式（屋根なし）月額１台１万５０００円×14台＝21万円
　来客用２台は無料
○ピット式３段（14機42台）
上段（地上）月額１台１万４０００円×12台＝16万８０００円（２台空き）
中段（地下）月額１台１万３０００円×８台＝10万４０００円（６台空き）
下段（地下）月額１台１万２０００円×４台＝４万８０００円（10台空き）
○合計月額53万円（38台分）　年間６３６万円

改善後（**42台契約＋来客用駐車場＋バイク６台**）
○平面式（屋根なし）月額１台１万５０００円×15台＝22万５０００円
○ピット式３段
上段（地上）月額１台１万４０００円×14台＝19万６０００円（空きなし）
中段（地下）月額１台１万３０００円×９台＝11万７０００円（２台バイク置場／３台空き）
下段（地下）月額１台１万２０００円×４台＝４万８０００円（10台空き）
○来客用駐車場、毎月１万２０００円程度
○バイク置場（新設）

原付１台１０００円×２台＝２０００円
４００cc まで３０００円×２台＝６０００円
４００cc 以上５０００円×２台＝１万円
○合計月額61万６０００円　年間７３９万２０００円

と年間で約１００万円の収入が増え、満車月額の約30％減から19％減にまでもっていくことができた。バイクの固定装置費用を引いても収益があがり改善された。それでも、ピット式３段の下段（地下）は、10台も空いている。

この使用されない10パレットの機械式駐車場もメンテナンス費用がかかる。仮に修繕費用を30年で割るとすると年間約１００万円、どれだけ他の区画が埋まっても管理組合の収支に多大なる影響を与えかねない。

そこで対策としていくつかの案が出た。

ひとつ目が、空き駐車場を月極駐車場や、事業者にパーキングやカーシェアリングとして外部に貸し出すというもの。

ただし、管理組合が区分所有者以外から得た収益は課税対象となるため税金の処理が毎年かかること、マンション内に部外者が入ってくるのはセキュリティ上どうか、何よりマンション周辺には空きパーキングがたくさんあり現実的ではなさそうであった。

二つ目に税金が発生しない形で区分所有者向けにトランクルームを設置しようという案も出たが、アンケートによると需要は見込めなさそうであった。

次にピット式3段の一部を撤去し平面化しようという話が出た。撤去には、機械式駐車場を解体しその上に鋼製の板を載せて蓋をするような形で平面化する工法（地下ピットの空間に支えを組み立てたほうがよりいい）と、解体後の地下ピットに土砂やアスファルト、コンクリートを入れて埋める工法があるという。

鋼製平面化だと排水ポンプやボルトの緩みなどの点検がいるが、埋め戻して平置きにするとメンテナンス費用がかからなくなる。鋼製平面化のほうが費用もかかるというので、埋め戻しを検討していた。しかし、いまの空きに相当する4機12台分の撤去と埋め戻しで約250万円かかることがわかり、思いのほか高い費用に理事一同で絶句してしまった。

そんななか、3段式の部品を含め一斉に交換する費用（修繕）と、新しく2段式に入れ替える費用（交換）がほぼ変わらないことがわかった。むしろ少しではあるが交換のほうが安くなりそうだ。それは修繕は分解するなど人件費が多くかかり、交換はメーカーが新しい駐車装置を売りたいため、値引きに応じてくれるからだという。

幾度となく住民説明会と議論を重ねた結果、3段式（地上1段、地下2段）から、2段式（地上1段、地下1段）に交換する方向に決まった。

具体的には数年後の大規模修繕時にあわせて実施しようということになっていたのだが、奇しくもつい先日発生した台風によって、近くのマンションで機械式駐車場の故障と車両が冠水する被害があり、地形が似ている当マンションでも早めに実施したほうがいいということになり、臨時総会を開催し承認された。これから交換の工事が予定されている。

駐車場使用者からは不安の声があがっていたが、これでゲリラ豪雨などの冠水リスクも軽減できるし、地下でもワゴンなどのハイルーフを停めたいという居住者のニーズに応えることもできる。さらに、メンテナンス費用を削減できるため、結果として収支もよくなる。

任期の2年間、隆さんは理事長として大変な思いはしたが、マンションのいまの懐具合を知れたし、何よりマンション内でさまざまな要望があり、改善傾向にあるのは理事長冥利に尽きる。また、同じ目的を持って熱く議論したことで、マンション内に顔見知りの住民が増えたことは、定年後の二人暮らしの隆さんたちにとって、何よりの安心感につながったようだ。

事例からわかること

車離れと空き駐車場問題

陣内さんのマンションのように駐車場の空き問題で悩む管理組合は少なくない。一昔前までは駐車場が足りず、駐車場貸出ルールの公平な運営や増設などが課題とされていた。しかし近年では、志向の多様化や住まいの都心化、ガソリン価格の高騰などによる維持費増大により、特に若者を中心に車離れが進み、さらに高齢者においても、運転免許の自主返納が増えている。また機械式駐車場では駐車サイズが限られ、人気のワゴン車だと駐車できなかったり冠水リスクを恐れていたりするのも要因ではないか。一方でバイク人気は高まっている。

問題は、マンションの駐車場使用料を多くの管理組合が管理費会計や修繕積立金会計の収入源としていることだ。そのため、駐車場に空きが生じた結果、収支バランスが崩れ、なかには大幅値上げを検討しなければいけないマンションもある。

特に陣内さんの事例のように、機械式駐車場がある管理組合ではこれらの傾向が強く、一定数の空きが生じると維持費すら賄えず、どう対処するか懸念しているマンションを多く見かける。

空き駐車場問題には次のような解決策が考えられる。

①外部駐車場の利用者を呼び戻す

陣内さんのマンションでも行っているが、アンケートなどで利用状況を把握し、空き駐車場の周知と駐車場使用の呼びかけを行う。

マンション内の駐車場のほうが外部駐車場より使用料が安価に設定されていたり、大規模マンションでもない限りマンション内のほうが利便性がよいため、呼び戻すことで解決することもある。いかに居住者が情報難民にならないよう空き駐車場の状況を周知させるかが重要である。

②駐車場使用料の改定とルールの見直し

マンションの駐車場使用料やルールは、新築時に設定されていることが多い。現在の状況にあった駐車場使用料への改定とルールの見直しを行う。

使用料は、必ずシミュレーションし収支分岐点を見極めてから改定する。その際、外部駐車場の使用料（相場）との兼ね合いや現使用者などの意見をよく聞くことが重要だ。陣内さんのマンションでも値上げを検討したが現契約者から反対の意見が多かった。また1住戸につき1台までの使用制限があるなら、管理規約や使用細則を見直し、空きがある場合は複数台の使用ができるようにする。なお、今後のことを考えると普通決議で改定できる使用細則（管理規約は特別決議）でルール決めをしたほうが運用しやすい。

③駐車場会計の新設

管理費会計、修繕積立金会計のほかに、駐車場のみで収支する、「駐車場会計」を新たに設け分離して会計処理を行う。

陣内さんのマンションでもアンケートや説明会開催時に、駐車場を使用しない所有者から使用もしていない施設の費用をなぜ負担しなければいけないのかと疑問やクレームがでていた。このように駐車場に関するトラブルは、駐車場を使用していない所有者に不満が内在しやすい。

なお、分離する際はくれぐれも管理組合会計の収支バランスと合意形成に配慮すること。

④平面式駐車場や機械式駐車場のスペースを有効活用

平面式駐車場や機械式駐車場のスペースを、駐輪場（自転車置場）やバイク置場、トランクルーム（物置）などに転用する。ただし使用料などは、駐車場使用料より安価になることが多い。転用時の費用なども勘案し赤字転落しないよう配慮すること。

⑤外部貸し

来客用の時間貸しは管理組合で運営し、月極等は外部の駐車場事業者に運営を委託することが多い。管理組合で運営する場合は、募集方法、運営ルールなどが課題となる。外部に駐車場として貸し出す場合、敷地内に部外者が入ってくるためセキュリティが懸念される。また外部に貸す使用料との差で乖離が生じやすく不満が内在しやすい。税金処理は事業者が行うのか、管理組合が行うならその手間や専門家に依頼する場合は費用も含めてよく検討すること。

⑥機械式駐車場の改修や撤去

事例のように改修、機械式駐車場を撤去、地下ピットがある場合は埋設するなど、費用対効果をよく検討してから判断したい。ただし、マンションの建築許可条件に「駐車場附置義務」がある場合は、注意すること。この義務がある場合、駐車場は附置義務台数を確保する必要がある。特に郊外型のマンションに多く、変更、解体撤去する際は自治体に確認すること。

⑦カーシェアリングの導入

他の解決策と併用し、管理組合専用の自動車を導入するという手もある。利用者は必要時に利用でき、所有時にかかる駐車場代、保険料、各種税金、車検代が不要になりコストを削減できるメリットがある。カーシェアリングの導入で空き駐車場を有効活用する。

バイク置場不足

一方、なくて困るのがバイクの置場。全国のマンションでバイク置場の不足もまた深刻である。近年の新築マンションでは、バイク置場が設置されているが、少し前まではバイク置場が設置されていないマンションが多かったからだ。

停めるところがなくエントランスに停めたら、出入りしづらく景観が乱れる、駐輪場の空きスペースに停めたら子供がケガをしそうになったなどのトラブルに発展しているのをよく見かける。また、車の駐車場や駐輪場は使用料を支払っているのに、なぜバイクは無料なのか、無断駐車へのクレームも多い。

バイク所有者も外部にバイク置場を探そうにもバイク用の月極駐車場は少ない。マンションとしても時代にあわせて、「バイク置場」の新設を検討すべきであろう。

車の駐車場や駐輪場の空きスペース、陣内さんのマンションのように、機械式駐車場であれば固定装置をつけて転用したり、受水槽を撤去したスペース、広い通路、植栽の一部などが活用されるケースもある。くれぐれも避難通路の有効幅など消防法に配慮しながら検討したい。

またマンションの建築許可条件に、「緑地面積の確保」がある場合も注意だ。敷地面積の数パーセントの確保を義務付けられることがあり、勝手に変更できない。立ち枯れした樹木の伐採撤去などをし、植栽の緑地面積を変更する場合は気をつけたい。

なお陣内さんのマンションでもそうだったが、平面式とピット式3段の上段は、出庫のしやすさ、車高に融通がきく点から人気が高い。中段は出し入れの手間はあるものの地下に格納されるため、直射日光で車内が暑くなりにくい、雨露が直接あたらない、塗装やカバー等の劣化がしにくい、防犯上有利などの理由から、主に週末などに使用する、乗る頻度が少ない人に人気がある。

ただし、機械式駐車場で屋根がないタイプだと、上段パレットの隙間から雨やホコリ、上段車両の泥やオイル、ブレーキダストなどが垂れてくる等のデメリットがある。

人気が高い平面式とピット式3段の上段でも、直射日光や雨露、防犯上の不安やイタズラ、子供遊びのボールが当たるなどのデメリットがある。ピット式3段の下段は、一般的に使用料が安いのがメリットだが、出庫に最も時間がかかり、ゲリラ豪雨などで冠水リスクがある。

なお、屋外にある駐車場や駐輪場に屋根の設置を検討する際も注意が必要だ。屋根を設けることが、建築面積や床面積にカウントされ、増築行為になり役所への申請が必要な地域があるためだ。

ゲリラ豪雨対策

２００８年には流行語大賞のトップテンにもなっていたが、ここ10年ほど毎年のように、局地的な集中豪雨（ゲリラ豪雨）が全国各地で発生し、管理組合を悩ませている。すぐにできる対策として機械式駐車場の使用者向けに、一斉にパレットが上昇し冠水リスクを軽減する、「インターロック解除キー」の操作方法の勉強会を実施するのは有効である。

もう10年以上前の話になるが、あるマンションで、インターロック解除キーの存在を住民が知らず、夜中に突然ふりだしたゲリラ豪雨のなか、機械式駐車場と車両が冠水するのを住民がただじっと見守っていただけということがあった。結果として機械式駐車場は壊れ、異様な臭いのする車両がたくさん廃車されるという悲惨な状況になった。

もちろん、24時間緊急対応する設備業者や機械式駐車場のメーカーに現場にくるよう連絡し業者も向かってはいたが、ゲリラ豪雨が起こるような状況では街の道路も冠水し、迂回などして思うように現場にいけないことも多い。その時もいつもの何倍もの時間を要していたし、他のマンションでも同様の呼び出しがあることも多い。せめて気が付いた住民が、インターロック解除キーの存在を知っていれば、「土嚢（どのう）」やゴミ袋などの代用品を積んでいれば結果は違ったかもしれない。

そのマンションでは、事故後、管理事務室内の見えやすい場所にぬいぐるみを置きその中にインターロック解除キーを入れる運用をしている。解除方法は念のため、写真で手順を写しラミネート加工したものを管理事務室内に掲示してある。なぜぬいぐるみなのかといえば、管理事務室のキーボックスの中では、鍵の本数がありすぎ（一般的に100本前後ある）、あわてて探すとわからないこともあるため、住民のアイデアでそのような運用になったという。また事故後、管理組合で土や砂が不要な水で膨らむ土嚢を購入し保管している。

おすすめしたいのが、「機械保険」への加入だ。管理組合では一般的に共用部分で起こるさまざまな事故に対応する「マンション総合保険」に加入していることが多いが、保険料が上がるため、水災害は不担保としていることも多い。

そもそも水災害は支払い条件が厳しい。河川の氾濫や高潮だけでなく、ゲリラ豪雨の損害も対象とされるが、床上もしくは地盤面より45㎝を超える浸水などの条件がある。

もし水災害を担保する契約にしていても、今回の事例のように、地下ピットのある機械式駐車場で被害があった場合、地下で起こっていることなので支払条件から外れてしまう。そのため、機械式駐車場を専用とした機械保険に追加で加入することで、機械式駐車場の水災害はカバーできることが多い。

実際に先ほどの被害に遭った管理組合では、事故後、年間約５万円で別途、機械保険に加入した。当時としては別途加入するケースは少なく、マンション総合保険の会社も含め複数社に掛け合い、ようやく加入できた保険（マンション総合保険とは別の保険会社）であった。

最近、そのマンションではまたゲリラ豪雨による冠水に見舞われ、機械式駐車場が故障した。さすがに車両の冠水被害はなかったが、その故障に対して１０００万円の保険金がおりた。10年間で約50万円支払いはしているが、まさに備えあれば憂いなしとはこのことであろう。


さらにこのマンションでは、事例のように、以前から地下の下段を使うことを怖がる人が多く空きが続いていたが、時代の流れでより空き駐車場が増えたことにより、撤去し埋め戻しを検討しており、数ヵ月先の通常総会に議題としてかける矢先の再冠水であった。そのため、奇しくもこの保険金を撤去と埋め戻し費用の一部にあてることができた。なお、機械保険もさまざまな条件があるので比較検討すること、個々の車両保険への呼びかけも忘れずに行うようにしたい。

マンションのインターネット

事例でも、苦情が寄せられているマンションのインターネット接続だが、陣内さんのマンションでは、管理組合の一括契約タイプである。このタイプは、新築時に決められた事業者のインターネット回線が引かれ、プロバイダーの選択はできない。各戸で使用の有無にかかわらず、毎月戸数×使用料が請求され管理組合で一括払いが多い。

その費用は管理費会計、つまり管理費の中から負担していたり、別途インターネット使用料として請求されていることが多い。全戸で契約するため、使用料が安いのが特徴である。

しかし、工事不要で自宅のコンセントに差し込むだけで使えるホームルーターや、小型で持ち運びもできるポケット型Wi-Fiなどの普及、そもそも自宅ではスマホやタブレットで足りるため、インターネットは使用しないなど、使用していない住戸から不満の声があがることがある。

実際に一括契約する10棟近くのマンションでアンケートをとったことがあるのだが、使用率は平均すると60％前後、低いマンションでは30％台というところもあった。

意見としては回線の速度が遅い、ドメインの関係でアドレスの@アットマーク以降の表記によってマンション名が特定されるのが嫌などという意見があがった。一方で在宅ワークをしている人からは、仕事でこのアドレスを使用しているため、一括契約を解除されると困るという意見もある。

管理組合で一括契約している場合は、インターネットの使用状況について一度アンケートをとることをおすすめしたい。じつは使用していない住戸が多く無駄な費用負担をしている可能性もある。また管理組合とインターネット事業者との契約書もよく確認したい。契約期間の縛りや違約金などがある場合もある。

なお、マンションには、集まって住むからこそ豪華な施設や設備などを使用できる、いわばサブスクリプション的な要素があるが、駐車場にしろインターネットにしろ、使用していない住民からすると不満が内在しやすい。しかし、それら施設や設備も含めて、あなたのマンションなのである。

部屋の中ばかりにとらわれず、マンション全体に使用頻度の低い施設や設備はないか、「金食い虫」はないか、それはマンションの売り（魅力）なのかよく確認すべきだ。

使用頻度の低い施設や設備があるなら、陣内さんのマンションのように改修や撤去なども有効である。このようになるべく管理費の値上げはせずに、管理の質を下げない範囲で、経費を削減するというのも収支バランスを解決するひとつの方法である。

事例7　戸建てを売りタワマンを購入したものの……

物件概要…２ＬＤＫ　63・５７㎡／29階建て18階／築２年１８２戸／最寄り駅　徒歩３分
資金概要…現金で購入
家族構成…夫63歳、妻61歳、子供２人は独立（長女33歳〈既婚〉、長男30歳〈未婚〉）

コンシェルジュにゲストルームなど、リッチなサービスが魅力のタワーマンション。だが住んでみると、何かと生活に支障をきたす出来事が起こる。購入する際には気付きにくいが、タワマンは、管理と修繕、そして相続という「時限爆弾」を抱えているのだ。

タワーマンション、現金購入、売れ残り住戸

戸建てでの老後に不安を感じ駅近のマンションを検討

地方都市のタワーマンションに住む山崎修さん（仮名）は、大学卒業から地方公務員として勤務し3年前の60歳で定年を迎えた。

定年後1年ほどは、夫婦で旅行に行ったり、好きなお酒を昼から飲んだり、庭の草いじりをしたり悠々自適に暮らしていたのだが、どうも時間を持て余してしまう。

元部下に聞くと、公務員も段階的に定年が65歳になるような話が出ているようだが、修さんが定年の時はそのような話はなかった。民間企業に勤める同級生は、65歳までの再雇用でいまも働いている人が多い。

修さんもまだまだ元気だし、社会とのつながりが欲しいと考え、ハローワークに相談に行ったところ、管理員をすすめられ、いまは数駅先にあるマンションの管理員をしている。

修さんは大学卒業後から単身用の公務員寮で暮らし、智子さんと結婚後は世帯用の公務員寮に引っ越し、長女の麻衣さんが小学校に上がる少し前の35歳で2階建ての戸建てを購入し

た。

子供は麻衣さんと拓也さんの2人。2人とも修さんの定年前に実家を出て、麻衣さんは結婚して子供（陽翔君、3歳）が一人いる。拓也さんはまだ独身生活を楽しんでいるようだ。

そしていま、山崎夫妻は26年間住んだ戸建てを売って、人生初の分譲マンション、しかもタワーマンション（タワマン）住まいをしている。

マンションにした理由は、まずは利便性である。戸建て住まいの時は駅から遠く車での移動が必要であった。徒歩6分ほどのところに路線のバス停もあったが、バスの便数も少なくあまり利用はしていなかった。とにかく何をするにも駅に行くまでが一苦労であった。

また戸建ては2階建てで、いまは元気だからいいが、将来足腰が弱った時に2階まで階段をスムーズに昇り降りできるか、階段から落ちてケガなどしないか、それに昔、空き巣に入られセキュリティが気になっていたこともある。また夫婦二人で住むには広すぎて、智子さんも掃除が大変だという。

気力・体力ともに元気で、時間があるいまのうちに、駅から近く、セキュリティに強くてエレベーターがあり、ワンフロアでフラットに住めるマンションに買い替えようということになった。戸建て住まいが長かったが、管理員として働いたことで、マンション住まいも悪くないなと思ったのも大きい。

昔から「時間ができたら夫婦水入らず全国の温泉巡りをしたいね」と話していたこともあり、いままでの最寄り駅にはこだわらず、特急や新幹線の停車駅を中心にマンションを探した。

そして買い替えたのが、いま住んでいるタワマンである。購入を検討する際、コンシェルジュや警備員がいる24時間の有人管理のところを探した。防犯カメラやオートロック、エレベーターも非接触キーを持っている人だけが乗れ、最寄り階や共用施設がある階にのみ停止するなど、セキュリティ対策も万全。鞄などから鍵を取り出さずにオートロックを通過できる「ハンズフリーキー」の採用はすごいと思った。

コンシェルジュカウンターではクリーニングや宅配便の集荷などのサービスがありホテルライクな住まい。

それに宅配ボックスやスポーツジムもあり、ゲストルームに安価に泊まれるのも魅力的。モデルルームも豪華で最寄り駅からも3分とすべてがキラキラして見えた。

麻衣さんと拓也さんに「戸建てを売ってマンションに買い替えようと思うんだ。しかもタワマンなんだが」と相談したところ2人とも大賛成。父さんも母さんも元気なアクティブシニアなんだからというのが理由らしい。特に拓也さんには「いいな〜俺が住みたいぐらいだ」と羨ましがられた。

購入費用に関しては、戸建ての売却資金と退職金で、現金で購入することができた。いま思えば公務員寮に10年以上住み、その際に貯金できたのが大きかったと修さんは思った。

感動のタワマン暮らしだったが……

建築中もカラーセレクトやオプションなど、入居はまだかまだかと楽しみに待ち続けた。ようやく引き渡しになり、はじめてみた豪華なエントランスには感動し夫婦とも言葉が出なかった。高い天井にシャンデリア、一面のガラス窓からは陽が差し、豪華なソファセットが並ぶ。コンシェルジュカウンターからは、ビシッと制服を着た女性陣から「お帰りなさいませ」と声をかけられ、恥ずかしさと一気にセレブになったような気分になった。

老後にこんな豪華なタワマンに住めるなんて戸建てから買い替えて本当に良かった。まさに友人知人を呼びたくなるような自慢のわが家だ、タワマンライフが楽しみ、と住み始めの頃は充実したタワマンライフを送っていたのだが……、3ヵ月もしないうちに現実に引き戻されることになる。

近くにこのタワマン以外、高い建物がないので抜け感があるという点も決めた理由のひとつだったが、眺望にはすぐに飽きてしまった。それどころか、全面ガラス張りの部屋は陽射しが強烈でまさに温室状態。晴れた日はエアコンをつけないといられず、思った以上に電気代がかさむ。まぁカーテンを引けばいいのかもしれないが、だったらなんのための眺望なのかと思ってしまう。

また智子さんは料理好きだが、ＩＨ調理器の火力が弱く料理のレパートリーが減ったと嘆いている。特に中華料理などの炒め物が美味しくできないという。当初は、オール電化はガス代の節約にもなるし、火事も発生しにくく良いなと思っていたのだが、使用できる調理器具もＩＨ対応に限られてしまう。それに、スーパーなどで激安フライパンを見つけても対応しておらず使えないという。ガスコンロより調理に手応えを感じず、「ガスコンロだった前のわが家が懐かしいわ」とことあるごとに言う始末である。

そのうえ、智子さんからすると、落下防止などの理由から、ベランダの手すりに洗濯物や布団などが干せないのも気になるという。当初は、憧れの浴室乾燥機にドラム式洗濯機もあるから大丈夫と思っていたが、やはり天気がいい日はシーツとかお日様にあてて干したいと嘆く。それに物干し用の金具の位置も決まっていて、干せる丈が限られたり腰にも負担があるという。

さらに最近になって、部屋でドブや吐しゃ物のような悪臭がするようになった。特に風呂場や、洗濯機置き場がひどく、臭すぎて寝られない時もある。管理会社に聞いたところ、いま理事会で初めての雑排水管清掃について検討中だという。

一般的に築2年を超えたあたりから、定期的に雑排水管清掃を実施するそうだが、せっかく管理組合で実施することになっても不在などで清掃を受けていない部屋や、人が一定期間住んでいない部屋では排水溝から逆流し、臭いがするそうだ。またこのタワマンは、ホテルのような内廊下の構造のため、一定の換気をしていても、臭いがこもってしまうことも原因のひとつだという。それに内廊下は高級感があり素敵だと思っていたが、絨毯は水洗いの掃除がしづらくホコリや臭いのもとになってしまうケースもあるという。

しかも物件選びの条件にしていた、エレベーターの待ち時間でイライラすることもある。朝の5分は当たり前、ひどい時は10分近く待たなければならないこともある。もし川崎・武蔵小杉のタワマンのようにエレベーターが止まったら（２０１９年10月の台風による浸水被害で長期間電源が止まった影響）、階段で昇り降りできる自信はなく、いまさらながら高層階にしたことを後悔している。

その他にも、宅配ボックスが1階にしかなく重い荷物を部屋まで運ぶ時、非接触キーをいたるところでかざすのがとても大変である。それに、強風が吹いたり地震があったりすると「長周期地震動」によって大きく揺れ、智子さんのほうがひどいのだが、乗り物酔いのような症状になる。それに頑丈で壁が厚いと思っていたのに、子供の泣き声、水が流れる音、ドアの開閉音など生活音が気になることもある。

築2年で3割が売れ残り

あげたらきりがないが、いまいちばん修さんが気になっているのが、築2年にもかかわらず、いまだに3割ほどが売れ残っていることだ。利便性や豪華な共用施設は素晴らしいが、エリア的には割高であったことが要因のようだ。

しかも1年を過ぎた頃から、販売価格が見直しされ、なかには個々で値引きされるケースもあり、販売価格を下げたことに対する不満が内在している。現在、売れ残っている住戸の管理費等は、デベロッパーが一括で支払っているが、この状態がいつまで続くのかという不安もぬぐい切れない。それにタワマンにしては規模が小さいことが影響して、他のタワマンと比較すると毎月の管理費等も高いようだ。

住み始めた頃はタワマンにして良かったなと心底思っていたが、このまま終の棲家として住み続けられるか、日に日に不安は大きくなるばかりだ。理想と現実とのギャップとはまさにこのことを言うのであろう。子供たちや孫は自慢のタワマン住まいができて良かったねと、とても喜んでくれているが、早くもタワマンにしたことを後悔して憂鬱な毎日を送っている。

事例からわかること

タワマンとは何か

タワーマンション（タワマン）というと、美しい夜景にスパやゲストルームなどの豪華な共用施設があるというイメージもあるだろう。そもそもタワマンとは何か。

一般的には20階以上、高さ60m以上の住居用の超高層建築物をタワマンと呼んでいる。高さ以外に○○戸以上といった戸数の縛りや、共用施設の中身などが定義されているわけではない。

タワマンというと、希少性も魅力のひとつとされる。しかし、東京カンテイの「タワーマンションのストック数（都道府県）」によると、２０２１年12月末時点における全国のタワーマンションストック数は、１４２７棟で37万５１５２戸もあるという。

このうち首都圏だと７６０棟・23万２４７７戸で、棟数・戸数ともに全国の過半数を占める。東京都だけだと４５８棟・14万６３００戸、棟数ベースで全国のシェア32・１％。次いで大阪府２５５棟・６万３９５１戸、神奈川県１３９棟・４万２６７２戸と続く。ちなみに

47都道府県のうちタワマンがあるのは38都道府県だ。

日本初のタワマン建設は1976年

日本初の分譲タワマンが建設されてから40年以上経っているのをご存じだろうか。

歴史はさかのぼり前回の東京オリンピックを目前にした1963年に建築基準法の規制である特定街区が改正され、続く'70年の法改正によって、31mに規制されていた高さ制限が解除。この影響を受けて'70年代よりタワマンの先駆けといわれる高層マンションが建設されることになる。

日本初のタワマンは、'76年に建設された、高さ66m、地上21階建ての「与野ハウス」(埼玉県与野市・住友不動産)である。高さが異なる4棟からなり、うち2棟が高層棟、総戸数463戸である。

'70年代から'90年代半ばでは、現在より容積率や日照権などの規制が厳しく、超高層マンションを建設するためには広大な敷地が必要だったため、敷地面積を確保しやすい河川の近くや工場の跡地が建設地として選ばれていた。

'97年の建築基準法の大改正によって容積率や日照権などの規制が大幅に緩和。これにより主要駅周辺の人口集積地域にも、タワマンの建設が可能となる。これを受けて'99年には、いまでもタワマンの代名詞ともいわれる東京・月島に54階建ての「センチュリーパークタワー」が完成する。また、都電荒川線早稲田駅から徒歩約2分に「西早稲田シティタワー」も完成、駅近で利便性が高いタワマンも建設された。ここから都市部でのタワマン建設が継続している。

日本のタワマンは、建築基準法の規制緩和の影響を受けて、高さや立地における自由度を広げている。すでに2021年以降も、全国で280棟11万戸弱のタワマンの建設・計画が見込まれている(不動産経済研究所、2021年4月27日プレスリリース)。

ステータスという魅力

一般的には、「成功者の証」などとも言われ、憧れとともに語られることもあるタワマン。実際に住んだとしてそのメリットはなんだろうか?。

まずはステータスがあげられるだろう。タワマンは再開発エリアに建てられることが多く、街並みの変化とともにニュースで取り上げられたり、駅や街に大きな広告が出たり、そのエリアのランドマーク的な存在として注目を集めることもある。誰もが知る「あのマンション」にお住まいというわけだ。

完成後も豪華なエントランスや共用施設、高層階にあるラウンジやゲストルームからの眺望など、タワマンだからこそ得られるステータスがある。

全国的にタワマンが増え過渡期とはいえ、ランドマーク性やステータス感、駅近タワマンは将来の売却時にも大きなアドバンテージになる。

特にいまは新築のタワマンが高値で推移しており、中古でも高値で売ることができる。つまり立地にもよるが、タワマンは資産価値が落ちにくい物件ということになっている。

特に利便性の高い都心部、都心から離れていても駅近など利便性の高い立地、駅直結タワマンや基幹駅（新幹線や快速が停まるなど）の駅近はおすすめである。

多少割高になっても値崩れしにくく売却する時も有利である。もし購入時の価格から、大きく下がらない価格で売却できれば、住宅ローンも完済しやすく住み替えがスムーズ。何かの理由で一時的に転居が必要になった場合、貸しやすさもメリットとなる。

タワマンは最寄り駅をはじめとして大規模な再開発エリアに誕生することも多いので、飲食店やクリニック、買い物できる各種ショップなどが入ったテナントビルなどが新設されたり、予定されるなど、入居時から生活環境が整っていることが多いのも魅力のひとつだ。人が集まることでより周辺環境が発展し利便性が高まり、サービス面も充実していく。

マンション施設の充実

共用施設は、規模が大きいタワマンほど充実している。高層階のラウンジ、スポーツジムやゲストルーム、ライブラリーやスタディールームなど。スポーツジムは、棟内にあれば便利で外部のフィットネスクラブに加入する費用なども節約できる。小規模マンションではスペース、費用ともに実現が難しいが、大規模タワマンでは、たとえば低層階に共用施設を集め、高層階にはゲストルームをつくるなど、1住戸当たりのコストを大きくかけなくても運営できる。

また、コロナ禍では、テレワーク需要を受けてコワーキングスペースや来訪者を部屋まであげることなく打ち合わせができる会議室スペース、カンファレンスルームなどが人気である。利用者が多く予約できなかったり、共用施設をあまり利用しない人にはメリットがなく、コストを負担するだけでデメリットと感じるかもしれないが、これらの施設は売却時にも物件の魅力としてアピールできる。

ホテルライクな生活を送れることも、タワマンの魅力のひとつだ。大規模なタワマンではコンシェルジュがおり、訪問者の受付や案内、宅配便やクリーニングの取り次ぎ、専有部サービスなど、居住者のニーズに応えるさまざまなサービスを用意している。

セキュリティ面も充実している。一般的なマンションでも最近はセキュリティ強化がされているが、大規模なタワマンともなるとセキュリティはより充実する。オートロック、エントランス・エレベーター非接触キー、自室のインターフォンなど複数の設備によって三重四重もの対策が取られる。エレベーターの認証システムでは訪問者が訪問先のフロアにしか行けなかったり、ＩＣチップ付きのカードやスマホを使ったスマートキー、顔認証システムを導入するタワマンも出てきている。

また防犯カメラや防災センターがあるようなタワマンだと、24時間の有人管理によって警備も万全である。さらに内廊下の場合、外からどの部屋に入ったかわからなかったり、一般的なマンションのような屋上から空き巣に入る被害も少なくセキュリティ面では大きなメリットがある。

周辺環境とともに公共施設が充実したタワマンも多い。クリニックやジムなど住民の快適さをサポートする施設のほか、最近では保育園を併設し子育てをサポートしたり、サービス付き高齢者向け住宅を併設しているタワマンもある。

日常のことでいえば、ゴミ出しがいつでもできるのもメリットが大きい。一般的なマンションでは、１階や地下にゴミ室があったり、地域の集積所に決められた時間にゴミ出しすることが多い。

これに対しタワマンの場合、階ごとにゴミ室があったり、ダストシュートがあることもあるので、朝からゴミ出しの心配や、ゴミを持ってエレベーター移動する必要がない。時間を気にせずにゴミ出しできるため、忙しい社会人や共働き世代に人気がある。

高さゆえのメリット

大きな掃き出し窓に日当たりの良い部屋、遮(さえぎ)るもののない景色。

タワマンは、公開空地など全体の敷地が広くとられ、隣接する建物との間に距離があるため、高層階だけでなく低層階や、北向きでも日当たりや採光、通風が期待できる。また立地や向き、階数にもよるが、夜景などの眺望も魅力だ。ただしタワマンの間取りは眺望の良さを活かすように作られているため、歪(いびつ)な形で住みにくいこともある。

タワマンの敷地内には、公園のような空間「公開空地」が設けられることが多い。通常、高層を建てる時は建物の容積率や高さ制限があり、そのままでは建てられないことが多い。しかし、敷地内の一部を誰もが自由に使える公開空地にすることを条件に、容積率や高さ制限を緩和してもらい、建築が認められるというわけだ。

公開空地は樹木などで緑豊かでベンチがあるような空間が多いが、なかには歩道、広場や水辺、アトリウムのような吹き抜け空間があるところも。災害時には避難場所や避難通路にもなる。

公開空地はあくまでもタワマン住民の私有地であり、管理もタワマン住民（管理組合）が行うのだが、公開空地があることで、抜け感が出て景観が守られたり、居住環境の向上、地域住民を含めた憩いの場になることもある。

また、これは高層階ならではのメリットだが、階数が上がるにつれ、害虫がいない環境となり窓を開けて過ごせる。

さらに、飛んでくる鳥も少なく騒音や糞害、人に対しての危害や、ベランダで巣をつくるなどの被害にあいにくい。

超高層ゆえのデメリット

魅力とメリットについてあげてきたが、もちろんいい点ばかりではない。

山崎さんのようにタワマンの醍醐味である眺望に関しては、早い人だと3日で飽きた、近くにもタワマンができ眺望が悪くなった、という意見は多い。

むしろ全面ガラス張りだと、温室状態もそうだが、カーテンの既製サイズがあわず特注で高くなってしまう。

これは私自身も経験したことがあるが、ゴンドラできた窓掃除の作業員と目があい、何とも気まずかったことがある。せめても服をきちんと着ていて良かったと思ったものだ。

またタワマンの多くにオール電化が採用されている。お風呂などで使う電気給湯器、キッチンにはＩＨ調理器が採用されていることが多い。電気給湯器を室内につける場合、スペースがもったいないし、音も気になることがある。ＩＨ調理器はフライパンなどの器具を選ぶほか、智子さんのように実際の火力は強いにもかかわらず直火ではないため弱いと感じたり、鍋底がＩＨにあたっていないと加熱が停止するため、フライパンなどを振ったり傾けたりといった動作ができなかったり、ＩＨ調理器特有の「ブーン」「ジー」という音に悩む人も多い。しかも特定の人には「キーン」という高い音が聞こえたり、補聴器の装用に大きな雑音を発生させたりする場合もある。音以外にも取っ手にわずかな振動を感じたり、調理器具が動いたりすることもある。

ＩＨは、電磁誘導加熱という電気の特性を活用して温めるのだが、これはＩＨに調理器具が共振して出る音である。鍋などの位置をずらしたり、置きなおしたり、火力を落とすことで、音が止まったり小さくなったりする。調理器具を変えるとおさまることもある。

もしガス器具を使いたい場合、マンション全体・全室がオール電化だと、ガスの導入は管理組合の合意形成が必要で極めて困難である（もっともガスと電気の併用・オール電化の選択ができるようなマンションであれば可能性はある。よく確認が必要だ）。

さらにオール電化は停電時に、使用制限がかかることも多い。エレベーターが停まれば共用部分が薄暗いなか階段で高層階までの昇り降り。エントランスのオートロックも解除され開きっぱなし、玄関ドアも電子キーのみの採用だと部屋すら開かない。むしろ防犯設備が仇になり、便利が不便を招くといった事態になりかねない。

またタワマンだけではないが、近年のマンションは落下防止のため、手すりより低い位置にしか干せなかったり、洗濯物の外干しが禁止されていたり、タワマンではそもそもベランダ自体が設置されていないことも珍しくない。

さらに、エレベーターの待ち時間もストレスの元だ。最近では、低層階用、高層階用など階層ごとに停止階を決めたエレベーターを採用するなど工夫されてはいるが、やはりエレベーター待ちの時間は避けられない。また階層ごとにエレベーターを分けたことが、ヒエラルキーにつながりやっかみが起こることもある。

山崎さんも話しているが、宅配ボックスやゴミ置場が各階になければ、物やゴミを持ってエレベーターで行き来することになりとても不便である。特にセキュリティのため、2階などの低層階でエレベーターを乗り換えるシステムだと不便極まりない。

こうしたこともあり、特に高層階の場合、外出するのが面倒になりがちである。食事も買い物も宅配が利用しやすくなっている昨今では、外に出る機会が減り、運動不足になる懸念もある。特にシニア層にとっては外で歩く機会が減ることは健康のためにも良くない。

またタワマンすべてではないが、携帯電話の基地局からの電波は、一般的に下方向に向かって出ているため、高層階には届きにくい傾向がある。これも意外と気付かないデメリットとしてあげられる。

さらにこれもあまり言われていないが、タワマンでは、引っ越し費用も高額になりやすい。防災センターに事前申請し許可をとっても、養生箇所の指定、使用できるエレベーターの制限、引っ越し日時の制約、引っ越し業者が指定され選べないなど、通常の引っ越しとは異なるルールがあることが多い。

タワマンの大規模修繕は困難

先述の通り1997年の建築基準法の改正でタワマンが建設しやすくなり、ブームが到来したのが2000年頃。首都圏では'03〜'09年まで年間50棟以上のタワマンが竣工された。タワマンの大規模修繕は、おおよそ15〜18年の周期といわれるが、これから首都圏では多くのタワマンで大規模修繕が予想される。

先述の通り、一般的なマンションの大規模修繕の相場は国土交通省の「マンション大規模修繕工事に関する実態調査」によると、1回目は1戸当たり約100万円といわれるが、タワマンの場合はそれよりも高くなることが多い。たとえば次のような実例がある。

◯エルザタワー55（埼玉県川口市）

１９９８年築、地上55階建て、高さ１８５ｍ、総戸数６５０戸、１回目の大規模修繕費約12億円（1戸当たり１８５万円）

◯センチュリーパークタワー（東京都中央区）

１９９９年築、地上54階建て、高さ１８０ｍ、総戸数７５６戸、約17・５億円（1戸当たり２３１万円）

◯ザ・ガーデンタワーズ（東京都江東区）

１９９７年築、地上39階建て、高さ１３４・３ｍ、サンライズタワーとサンセットタワー２棟で構成、総戸数４７０戸、約８億円（1戸当たり１７０万円）

工事金額の総額が大きいため、長期修繕計画の試算が甘いと修繕積立金不足が起きやすい。特に物価上昇や消費税の増税を組み込めていなかった管理組合は、近年の工事費上昇についていけず、一時金の徴収や計画より遅い築20年前後で１回目の大規模修繕を実施するなどの対応をしている。

ただし、一般的なマンションの大規模修繕が10〜15年周期に対して、タワマンは15〜18年周期と後ろ延ばしが多く、1戸当たりは高くみえても実質的に安い場合もある。

修繕の施工業者が限られる

タワマンの大規模修繕はいまのところ事例が少なく、工法やノウハウが、広く一般に確立されたとまではいえない。タワマンの構造上、特に高層階では風対策をはじめとした、特殊かつ高度な作業ノウハウが求められる。また工期も2〜3年と長期間に及ぶことも珍しくない。そのため、タワマンの大規模修繕を行うのは、新築時に建物を建設したゼネコンや、その子会社など一部の施工業者に集中するケースが多い。

足場は、一般的なマンションの大規模修繕で使用される「組み立て式」ではなく、屋上から吊り下げる「ゴンドラ」や、柱を立てて設置する「移動昇降式足場」を使用することが多い。

そのため、風対策や飛散、落下防止対策のほか、風雨などの気象状況によって工事の進捗度が大きく影響を受けやすい。

また、外観フォルムが独特などデザイン性が高いタワマンは、高層階と中層階、低層階では、足場の種類、工事の方法を変えるなど複雑になることもある。

さらに販売時は魅力的だったラウンジやカフェ、スパやプール、屋上デッキといった共用施設やさまざまな設備は、独自性を打ち出していればいるほど、別途改修が必要で費用もかさむ。

合意形成が通常のマンションより難しい

一般的なマンションは平均戸数が60戸のなか、タワマンは戸数規模が大きく、１棟１００戸以上、なかには１０００戸以上も存在する。そうなるとひとつの街のレベルだ。

マンションでは、大規模修繕の工事内容にもよるが、共用部分の変更（その形状又は効用の著しい変更を伴わないものを除く）に該当すると判断される場合、総会での「特別決議」、つまり組合員総数及び議決権総数の各４分の３以上の多数で決することになる。

そのため、管理組合の合意形成が難しいとされる。特に高層階と低層階では区分所有者の世帯収入や価値観の違いも影響する。

また高層階では、雨風の影響などで外壁に損傷を受けやすいなど、層階によって抱える問題も異なる。しかし、修繕積立金の負担は、一般的に階層は関係なく専有部分の床面積割合で決定している。

高騰が止まらないマンションを買う人々

不動産経済研究所によると、2022年2月に発売された首都圏の新築マンションの平均価格は7418万円。東京23区に限れば9685万円にのぼる。歴史的な低金利と供給不足を背景に、1億円を超える「億ション」の発売が相次ぎ、バブル期のピーク6123万円をも上回る。勢いはほかの大都市や中古物件にも広がっている。

一方で、国税庁の2021年9月発表「民間給与実態統計調査」によると、一年を通じて勤務した給与所得者の平均給与は433万円。世帯の平均年収は1995年をピークに下がったままで回復していない。いったいどうやって家を買えばよいのか。いま高騰している首都圏のマンションを誰が買っているのか気になるのではないか。主に次の層が購入しているとされる。

○国内外の投資家による「投資」

転売業者を含めた国内外の投資家。なかには転売規制がある物件もあるが、転売目的で業者がまとめて買って、何年か後に転売。都市部のタワマンやHARUMI FLAG（晴海フラッグ）などがターゲットにされている。

〇パワーカップルの「実需」

世帯年収1000万円を超えるような、いわゆるパワーカップル。より高騰しているため、夫婦ともに上場企業に勤めるような、世帯年収で1500万円とか2000万円の超パワーカップルが実需で購入。

〇地方の富裕層の「資産」

地方の富裕層が資産として購入。東京に資産が欲しいと思った時、東京都中央区のアドレスでありながら、ある程度まとまった物件数を手に入れられるHARUMI FLAGなどは、地方の富裕層も、関心が高いとされる。

〇高齢者の「相続対策」

高齢者の富裕層が増えており、相続対策として購入。昔はアパートだったが、最近はマンションの時価と評価額の差額を利用して節税する、いわゆる「タワマン節税」狙い。

これは相続税評価額と、購入価額（時価）の開きがあることが多く、この開差を利用した節税方法。被相続人（亡くなった人）の財産の価格は、国税庁が定める評価基準（財産評価基本通達）によって決められ、この金額を相続税評価額と呼ぶ。この評価額が高いほど相続税が高くなり、評価額が低いと税額は低くなる。そのため、相続税を低くしたいなら、あらかじめ持っている財産の評価額を低くしておくといい。この評価額を低くするための方法としてタワマンが購入されるわけだ。10年ほど前にブームになり、税制改正で高層階になるほど固定資産税率が上がるようになったが、それでも節税効果はあるため、節税を目的に買われる。都内のタワマンにとって、大きな顧客層である。

このように、いまのタワマンは実需というよりは、投資・転売・節税目的になりやすい。価格は需要と供給に左右されるが、特に国内外の投資家のうち、海外投資家は見切りを付けたら一斉にあっという間に市場から引いてしまう。買い替えなどこれから売却を検討している人は注意していただきたい。

また、タワマンを投資目的で買った人と、永住目的で買った人では、意識に大きな違いがある。資産価値を維持するには今後大きな課題となっていく。

タワマン相続難民が溢れる？

いま高騰している歪な日本の不動産マーケットを、投資・転売目的以外で支えているのは、日本の富裕層である。日本の富裕層は、高齢者がほとんどで、富裕高齢層が相続税対策としてマンションやアパートを購入している。

前述の通り、特にマンションだと都心部のタワマンが人気である。時価と評価額の差額が大きいので、借入金でレバレッジを効かせて、相続税の評価額をマイナスにし相続税をゼロにするためだ。

今後も節税目的の富裕層が買いの需要を支え続けると見込まれる。しかし、これから大きな問題が起きそうなのである。

相続人に相続されたあとも借入金は残っているため、借金であるローンをきちんと返せる運用ができるかどうか。

相続したマンションやアパートを、上手に運用したり、売却して高く売り抜けられたらセーフだが、資産価値が下がってしまうとローンが返せなくなってしまう。節税のために親が良かれと思ってやったことが、相続人である子供が、親が組んだ高額ローンの返済に悩んでしまう。

つまり、資産価値が保たれ、出口（エグジット）で借入金が返せるということが大前提なため、このシナリオが崩れると、次の世代で借金が返せず破産なんてことも考えられるわけだ。

皮肉な言い方をすると、相続を考えるほどのご高齢なので、そう遠くない先に亡くなる。いま金融資産の多くが高齢者に偏っており、節税需要が盛り上がっているが、日本は少子高齢化なので、特に団塊の世代が所有する不動産など、売る時は一斉に売りに出ることになる。

そうなると、資産価値が下がってしまう。せめて借金返済分だけでも賃料が取れればいいが、いま日本の不動産マーケットは、投資・転売・節税目的も多く必ずしも実需で成り立っていないので、賃料も下がる可能性がある。そのため、２０３０年以降は相続難民が溢れる可能性がある。

修さんにアドバイスするなら、売却するのは、売れ残り住戸が完売したタイミングが狙い目である。いま売りに出しても、かなりの値引きをしない限り、デベロッパーが売りに出している物件に負けてしまう。

山崎家のタワマンは、築浅だが中古マンションで、個人間取引でもしない限り、不動産屋に支払う手数料がかかってしまう。厳密には個人の売主の価格には消費税がかからなかったり、すでに修繕積立基金の支払いも済んでおり、あまり差がない可能性もあるが、プロでもない限りそこまでは比較検討されないであろう。

そのため、完売後からまだ築浅感がある築8年以内あたりがおすすめである。

幸い現金購入でローンもないので、身動きがとりやすい。その間タワマンは定期借家契約で賃貸に出して、自身も賃貸物件に住むというのもありである。駅近かつ築浅の分譲タワマンは、賃料が高すぎなければ、すぐに借り手がつく。その間、利回り物件で売りに出すもよし、終の棲家についてじっくり考える時間もとれる。

こんなタワマンは要注意

私はタワマンすべてがダメとは思わないが、次の特徴があるタワマンはやめておいたほうが無難だ。

- 細長いなど戸数が少ないタワマン
- デザイン性が高いなど歪な形状をしている
- 戸数の割に維持費がかかるスパやプール、カラオケ施設などがある
- タワー式などの機械式駐車場があり、しかも空きが多い
- 24時間有人管理でスタッフ数が多い

これらは金食いタワマンである。このように、タワマンと一言でいってもいろいろある。老後にババタワマンを引くと老後破産しかねないため注意したい。

事例8

大規模修繕のお金がない?!

物件概要…2LDK　56・41㎡／7階建て5階／築41年9戸／最寄り駅　徒歩1分
資金概要…現金で購入
家族構成…夫64歳、妻64歳の二人暮らし、2人の子供は独立

憧れの街に買い替えしたリノベマンション。じつは管理組合にお金がない「借金マンション」だった。大規模修繕するには多額の一時金を払う必要がある。一時金から逃れるにはどうすればいいか。しかも、ずさんな管理が災いし、行政指導目前。ババ物件を引いてしまったのか。

修繕積立金の大幅値上げ、小規模マンション

老後のために築古だが便利なマンションを購入

高橋誠さん（仮名）は、妻の明美さんと都内のマンションで暮らしている。二人は学生時代の同級生で、同窓会をきっかけに交際に発展し結婚をした。早いもので出会ってから、まもなく半世紀になる。2人の子宝にも恵まれ、すでに孫も3人いる。

長女夫婦は近くに住んでおり、孫と過ごす時間は至福の時間だ。子供に言ったら怒られそうだが、孫のほうが子供よりかわいく思えるのは不思議である。

誠さんは、定年延長で現役時代と同じ会社に勤めている。定年延長時に人事からは、60歳以降の給付水準は「据え置き型」で旧定年と給付水準はほぼ同じだが、60歳以降は退職給付を積み増さない形態での延長になると説明を受けた。

実際に現役時代より毎月の給料はやや減ったものの、仕事も緩やかになり、時間にもゆとりができた。ゆとりができたから、二人の終の棲家を探そうと買い替えたのが、いま住んでいるマンションである。それまで住んでいた郊外のファミリータイプ4LDKのマンション

の売却資金と貯金で現金で購入することができた。

築古だが、駅直結ともいえるほど駅前にあり、利便性がとても良い。商店街の中に位置し買い物も便利。電車にのれば、デパートがある繁華街にもすぐに行ける。

部屋の中もお洒落にフルリノベーションされていて、新築マンション同様にきれいな状態で売りに出されていた。住み始めてからちょうど3年になるが、とても気に入っている。

だが1点とても気になることがある。管理組合の懐具合が年々怪しくなり、個々の家庭にも影響し始めていることだ。

購入する際に、修繕積立金の見直しを検討しており、値上げされるかもしれないという話は聞いていた。

実際に住んでから1年が過ぎたころ、管理組合の通常総会に「修繕積立金改定の件」と題した議案が上程され、それを見ると購入当初の約3倍に値上げされている。大幅値上げでかなり驚いたが、まぁ致し方ないとそのときは思った。


修繕の一時金が1戸当たり450万円！

ところが、つい半年ほど前のことだ。明美さんが一人で近所のスーパーマーケットで買い物をしていたとき、同じマンションの6階に住む女性を見かけ挨拶をしたところ、もし時間があればと誘われて、近くの喫茶店に移動し2人でお茶をしたときのことだ。じっくり話をするのはこの時がはじめてであった。

その女性は純子さんといい、旦那さんに先立たれ、いまは一人暮らしだという。女性同士世間話に花が咲いたあとで、純子さんが改まって「じつはいまマンションの理事をしているんですけど……」と管理組合のお金の話になった。

「マンションのお金のこと頭が痛いんです。ご存じですか？」

そう聞かれて明美さんは「いいえ、知らないです。何かあるんですか？」。

純子さんは「じつはマンションの修繕積立金が足りなくて、大規模修繕ができなさそうなんです」と言う。

「えっ？　だって1年半ぐらい前にかなり修繕積立金が値上げされましたよね？」

「ええ。でも足りないそうなんです。不足金は1住戸に試算するとおよそ450万円ほどになるとか……」

「えっ、450万円?!」と絶句する明美さん。

純子さんは「そうなんです。私も年金暮らしなのでこれ以上値上げされると生活していけません。私の部屋の上の方が理事長さんで、理事長さんも年金暮らしだそうで、同じ状況かもしれません」と言う。

「どうなるんでしょうか？」と明美さんが聞くと、

「このマンションはずっと自主管理だったんですよね。5年ほど前にいまの管理会社に部分的に委託することになって、問題がいろいろと出てきまして」

「いろいろ？」

「このマンション築40年を超えてますけど、大規模修繕といえるほどの工事は1度しかしておらず、早くしないと、外壁のタイルが浮いていて地震などがきたら落下する危険があるそうです。それに壁もヒビ割れがひどくて、しかも進行性なのでこのままいくと鉄筋が腐食して構造物にも影響するそうなんです」

「その修繕をするために、そんなにお金がかかるんですか？」と明美さん。

「そうらしいんです。大規模修繕をするための修繕費がいままで貯まっていなかったようなんです。確かに十数年前まで修繕積立金は毎月1000円ぐらいだった気がします。それに……」

「それに？」と明美さんが促すと、純子さんが答える。

「戸数が少ないので1戸当たりの負担が大きくなってしまうのと、ずっと自主管理だったので、いろいろとうやむやで。わずかばかり貯まっていた修繕費も以前住んでいた理事長が使い込んだかもしれないというんです」

「その部屋って？　まさか?!」

「そうなんです。いま高橋さんが住まれている部屋の前の持ち主が数年前に出て行かれるまではずっと理事長をされていて……管理会社の担当者が疑問を持ったのがきっかけでわかったんです。でもずっとまかせっきりで管理に関心がなかった私たち住民も悪いんです」

あまりのショックに、明美さんはそのあとの会話はあまり頭に入ってこなくなったという。

青い顔をして帰ってきた明美さんの話を聞き、誠さんがあわてて家にある売買契約書と登記簿謄本をみると、どうやらずっと理事長だった前の住民が、買い取り専門の不動産会社に売却して、それをリノベーション専門の不動産会社が購入してリノベーションをしてから再販売、高橋夫妻が買ったという流れがわかった。

築40年超で借金マンション

まもなくして、純子さんが言っていたように、理事長名で組合員向けに、マンションの建物の状態と早急に大規模修繕を行いたい旨、しかし修繕積立金会計の資金が足りず、借り入れと一時金を検討している旨が記載された書類が投函されていた。

早急に行いたい理由としては、タイルが落下し通行人などに危害が及ぶ危険性のほか、ある階ではヒビ割れが原因で水漏れやその隙間からキノコが生えたことまでが書かれていた。

また修繕積立金を3倍に値上げしたことによって、資金不足は少し解消されたものの、建築資材や人件費などの高騰で大規模修繕の費用も高騰しており、それだけではとても足りないこと、早急に大規模修繕をするためには、一時金が1住戸当たり450万円程度必要だが、年金暮らしの住戸もあり一括徴収は現実的ではないので、借り入れを検討しているが、管理組合向けの民間のクレジット会社などでは10戸以下のマンションは、融資対象外であることがわかったという。

そのため、融資可能な住宅金融支援機構を検討中だが、今度は限度額があり、管理組合での借り入れと1住戸当たり150万～200万円程度の一時金徴収との併用を検討中であることが書かれていた。

理事会としては、みなさんの意見を聞きたい、規模も小さいのでみんなで話し合う場をもちたい旨が書かれていた。

聞いてはいたがここまでひどいとは……頭が真っ白になり、考えがまとまらないが、明確にわかっているのは、このままマンションに住み続けていると、老後のために貯めていた資金のなかから、一時金を支払わないといけないこと。しかもマンション自体も借り入れするので、「借金マンション」になるということだ。

誠さんは、まもなく定年を迎える。支給される退職金もあわせて買い替えの検討をしたほうがいいのかもしれない。一時金を徴収される前に手離れするのであれば時間との戦いなので、以前の理事長のように、不動産会社に買い取ってもらうのが早いのだろうか。

立地など環境はとても気に入っているが、高橋夫妻は、このマンションが終の棲家でこの先大丈夫なのかと、心底悩んでいる。

事例からわかること

誰がマンションを管理するのか

明美さんと純子さんの会話から、高橋さんがいま居住しているマンションは、ずっと「自主管理」で、管理会社への「一部委託」に変更したと思われるが、自主管理や一部委託とは何だろうか。

マンション管理には「自主管理」と、管理会社への「管理委託」がある。また管理会社にどの程度管理を任せるかによって、「一部委託」と「全部委託」に大別される。

つまり、「自主管理」「一部委託」「全部委託」方式という3つの管理形態がある。

自主管理とは、共用部分の管理を管理会社に委託せずに、管理組合が直接、管理を行う方式。管理組合と直接契約した専門業者だけで管理を行う。所有者自らが管理業務を行うため、労力や時間が負担になる一方で、管理委託と比較して管理費の負担が割安になる。ただし長期間にわたり継続的に管理組合を上手く機能させるのは多くの困難が伴う。

一部委託は、管理業務の一部を管理会社に委託して、その他の業務を管理組合が直接行うか、もしくは専門業者と直接契約する方式である。

たとえば、「事務管理業務」のみを管理会社に委託し、清掃や管理員業務は自分たちで行い、エレベーター点検などの設備メンテナンスは専門業者と直接契約するなどがある。全部委託と比べると管理費を抑えられる。

全部委託は、管理業務のすべてを管理会社に委託する方式だ。管理組合の理事などの手間や負担が少なく、管理会社による効率的かつ専門的な管理が期待できる。設備の故障や事故等緊急時の対応なども迅速になる。一方で管理会社に支払う管理委託費がかかるため、管理費が高くなる。また管理会社任せになりがちで、住民の管理への意識の低下を招く懸念もある。

マンション管理には、管理に関する専門知識と豊富なノウハウ、そして継続性が必要である。そのため、いまの新築マンションでは、分譲会社の関連会社などあらかじめ決められた管理会社で「全部委託」を採用していることが多い。なお、全部委託の管理業務とは、「事務管理業務」「管理員業務」「清掃業務」「建物・設備管理業務」をいう。

一方、特に築古マンションの管理組合の中には、自主管理に限界を感じているマンションも多い。その背景には、住民の高齢化や理事のなり手不足などがあげられる。高橋さんのマンションのように、限界を感じ資産価値を大きく毀損させる前に管理委託へと切り替えるケースも増えている。

その一方で、管理会社に支払う管理委託費が安すぎたり、管理組合の管理会社に対する横柄な態度など扱いの酷さから、管理会社から更新を断られるケースもある。

管理会社への管理委託は、マンション管理適正化法によって自動更新が禁止されている。そのため、1年や2年契約が多く、その都度総会の議題として上程し承認を得てから更新となる。つまり、以前に比べると管理会社を変更しやすいともいえる。

しかし、頻繁に管理会社を変更していると、管理会社の間でも「あの管理組合さんは……」と見積もりすら出してもらえず、管理会社難民になっているマンションもある。

管理会社は、マンションを良くしようというパートナーである。適度な緊張感を持って上手く付き合うことが、マンションの資産価値にも影響することを忘れてはならない。

建物の劣化

高橋さんのマンションでは、ヒビ割れ、剝落(はくらく)などの劣化が見られるという。マンションの建物は、鉄筋コンクリート造（RC）か鉄骨鉄筋コンクリート造（SRC）が多く、なかには鉄骨造（S）もある。建物の劣化症状には次のようなものがある。

○剝落

仕上げ剤が剝がれ落ちた状態、あるいは浮いていたコンクリートが剝がれ落ちた状態をいう。コンクリート片の剝落は、居住者だけでなく通行人などにも危険が生じる可能性がある。

○錆鉄筋露出（爆裂現象）

腐食した鉄筋が表面のコンクリートを押し出し、剝離させ露出した状態をいう。点状、線状、ひどい場合は網目状に露出する。

○エフロレッセンス（白華現象）

コンクリート内の水分、もしくはヒビから入った雨水がセメント内の石灰等を溶かし、この溶液が表面に出てきて炭酸ガスと混じることで固まり、白く結晶したもの（炭酸カルシウム）。

○ヒビ割れ

コンクリートは、乾燥収縮や直射日光による昼夜の温度変化などによりヒビ割れが生じる。

○錆汚れ

腐食した鉄筋の錆が、ヒビ割れから流れ出て、表面に付着している状態

○ポップアウト

コンクリート内部の膨張圧が原因で、表面が剥離した状態

○中性化

白華現象

錆汚れ

アルカリ性であるコンクリートが、空気中などに存在する炭酸、その他の酸性ガスなどの作用によって、アルカリ性が失われる現象。これにより、コンクリート内部にある鉄筋が錆や腐食で膨張し、コンクリートのヒビ割れが生じることがある。

大規模修繕は回数が増えるほど費用がかかる

大規模修繕については、事例2でも触れたが、ここでは回数との関係を見ていきたい。

大規模修繕は通常、先述の通り、10〜15年に一度の周期で行う。たとえば築30年なら、通常だと大規模修繕工事の2回目までは終わっていることになる。

また、大規模修繕は、1回目より2回目、2回目より3回目と回数を重ねるごとに、工事項目が増え、金額も増える傾向にある。

それは1回目の大規模修繕時点では、劣化や不具合が発生していなかった箇所も、2回目の大規模修繕を実施する頃には、劣化や不具合が発生し、修繕箇所も規模も大きくなるためだ。さらに3回目になれば、2回目の工事の際に、修繕が先送りとなった箇所なども追加され、より大掛かりな工事になる。結果として大規模修繕全体の規模が大きくなり、工事費用も高くなる。

1回目では、外壁補修、屋上やバルコニーなどの防水工事、鉄部塗装の3項目を実施するマンションが多い。

国土交通省の「マンション大規模修繕工事に関する実態調査」によると、2回目では、3項目に給水管の更新や給水方式の変更など「給水設備」の工事が追加される傾向にある。しかし、同じ項目でも前述の通り、2回目の大規模修繕は、1回目より工事箇所が劣化している事が多い。たとえば、外壁だと1回目は補修でよかったが、2回目はタイルの張り替えといった具合だ。

○大規模修繕の一般的な工事範囲

- 外壁：下地コンクリート補修工事・タイル補修および貼り替え工事・塗装工事など
- 屋上：防水工事
- 共用部廊下・階段・ベランダ・バルコニー：床面防水工事および壁面・軒天塗装工事
- 鉄部：錆部や塗装剥離部の塗装工事
- 外構：外構施設（フェンスや舗装など）の補修

1回目の大規模修繕では全体的に補修程度で済む箇所が多い。2回目の大規模修繕では、1回目と同じように建物全体の補修を行うとともに、次の取り替えや修繕工事が追加される。

- 屋上防水（屋上・塔屋・ルーフバルコニー）の撤去・新設
- 設備関係電気・給排水・消防などの修繕や更新工事
- 金物類（集合郵便受け・掲示板・宅配ロッカーなど）の取り替え等

さらに3回目になると、築40年近くになり、寿命を迎える施設が増える。鉄部、外壁、屋根、屋上、廊下・階段、バルコニーなどの一般的な大規模修繕の項目のほか、電灯設備、玄関ドア交換、サッシ窓交換、手すり交換、排水管更新、エレベーター、TVアンテナ、消火栓等、エントランス、集会室、機械式駐車場、附属施設、車道・歩道、植栽など修繕個所も多くなる。

性能・機能の回復だけでなく、材質や設備の更新など、当初よりグレードアップする改良や改修工事の検討が必要である。

また、所有者も高齢になっている人が多く、年金暮らしの人が多いマンションだと費用面の問題もあり、合意形成は一筋縄ではいかないことが多い。なかには、めんどくさいしやりたくない、そっとして置いて欲しいと逆ギレするようなケースもある。昔、高齢の理事長か

管理組合の発意（管理会社からの提案）

⇩

理事会または専門委員会などの検討体制の確立

⇩

専門家などの選定

⇩

調査診断

⇩

修繕基本計画

⇩

説明会など合意形成

⇩

資金計画

⇩

修繕設計

⇩

工事費見積もり

⇩

総会決議

⇩

工事請負契約の締結

⇩

工事実施

大規模修繕の基本的な進め方

ら「マンションなんて住み潰せばいいんだ。修繕なんて必要ない」といわれたのを、いまでも鮮明に憶えている。

高橋さんの事例では、本来であれば3回目の大規模修繕を実施すべき時期だが、1回目の大規模修繕のみで、あとは壊れたら直すなど計画的ではなくいきあたりばったりに補修されていたようだ。

そのため工事項目が多くすべての工事は、修繕積立金不足の側面からも難しい。こういう時は工事の必要性の見極めが重要になる。

大規模修繕を実施する際は、事前に建物劣化診断を実施する。専門家の助言を仰ぎながら工事の必要性や優先順位を決めて、先送りできる工事はないか見極める。その際、修繕が必要な箇所まで先送りすると、建物の劣化が進行してしまうため注意したい。

また大規模修繕は、劣化や不具合の修繕だけでなく、居住者のニーズを考慮したグレードアップ工事も重要である。

たとえば、共用部分の性能をグレードアップする「バリアフリー化」が考えられる。高齢化社会となった現代において、実施することで居住者が快適に生活できるだけでなく、訪問者に対しても優しいマンションとなる。

さらに20年以上経過すると、新築マンションと比べてデザイン性が古くなってしまう。たとえば、壁面の塗装色、外壁タイルの色やデザインを変えるなど、デザイン性を考慮した修繕計画も必要である。

建物の耐久性とともにデザイン性も上がれば、資産価値の向上に繋がる。結果としてマンション自体の寿命を延ばすことになる。

修繕積立金について

修繕積立金とは、修繕工事を実施する際に必要となる多額の費用を確実に確保するため、区分所有者が、管理費とは別に毎月積み立てるものをいう。

長期修繕計画に基づき、修繕が必要な時に、必要な費用が確保できるよう過不足のないよう毎月の積立額が設定され積み立てられていく。修繕積立金の適切な算出根拠は長期修繕計画書である。

なお、長期修繕計画書は、一度作成されたら終わりではなく、修繕計画の見直しに合わせて、必要な費用が確保できるよう定期的（5年程度）に見直しを行っていくことが重要である。その際に修繕積立金の見直しもあわせて行われるのが一般的である。

もし長期修繕計画がない場合は、安全・安心・快適に暮らすため、長期的な修繕・資金計画を立てるためにも必要なので、早急に策定すべきである。

修繕積立金の設定額が低くいざ工事を行う際に資金が不足している場合、①大幅な値上げ、②一時金の徴収、③借り入れなどを行わなければならない。管理費会計に余裕があれば、修繕積立金会計に振り替えることもある。

高橋さんのマンションでも、いきなり3倍に値上げしているが、これは年金生活者には辛い。

借り入れをした場合は、借りるために必要書類の作成が必要なだけでなく、利息も払わなければならない。毎月の修繕積立金会計の収入から元本と利息を返済することになり、将来、必要になる修繕費の積立にも不安が残る。負のスパイラルになりかねないので、できれば避けたいところだ。

マンション共用部分リフォーム融資

高橋さんのマンションで検討している、住宅金融支援機構の借り入れ制度とは何か。

これは「マンション共用部分リフォーム融資」のことで、管理組合が実施する共用部分のリフォームや耐震改修工事などの工事費用が対象となる融資である。屋上防水、外壁塗装のほか、オートロック設置、エレベーター設置など融資対象は広い。

特徴としては、

①全期間固定金利で借入申込時点で返済額が確定するため、返済計画が立てやすく、管理組合の合意形成がしやすいこと
②法人格の有無を問わず申し込みできること
③担保不要
④耐震改修工事または浸水対策工事を行う場合、融資金利を一定程度引き下げ（金利の引き下げ幅は毎月見直し）
⑤借入申込時点で「マンションすまい・る債」を積み立てている場合、通常の融資金利から年0・2％引き下げになること

などがある。

利用条件に、マンションの「戸数」や「規模」を問わないため、高橋さんのマンションのように小規模マンションでも、その他の条件があえば利用可能だ。また、その工事を実施する際に組合員（区分所有者）が負担する一時金への融資も可能である。

ちなみに特徴⑤の「マンションすまい・る債」とは、住宅金融支援機構が、国の認可のもと年に1回発行する債券である。金融機関に比べると金利が高く、毎年利息を受け取ることができる。10年間、継続的に積み立てることが前提であるが、債券を中途換金しても元本割れもない。債券ではあるが、その成り立ちから安全とされ、管理組合が預金以外で修繕積立

金の預け先の有力な候補とされているものだ。

管理組合とお金

管理組合の借り入れを難しくしているのは、管理組合という団体は、権利能力なき社団といわれ、原則として権利義務の帰属主体になりえない団体だからである。

しかし、区分所有法の規定に基づき、敷地や共用部分など共有物の管理に関する事項に限っては、理事長名（＝管理者）で他人と各種契約を締結することができる。

たとえば、大規模修繕や、共用部分の保険の契約など。さらに管理組合名に理事長の氏名を加えた名義で、銀行に預金口座を開設することもでき、税務の面では権利能力なき社団として法人と同等に扱われる。しかし実際は法人ではない。そのため、管理組合を法人化するマンションもある。

また、管理組合の会計は、厳格に行うため、「予算準拠主義」である。つまり、管理組合の運営は必ず総会で承認された予算に基づいて行われる。それは、最小費用で最大効果を出すためである。

管理費会計では、収入と支出のバランスを適切に見極めて、無駄を出さないことが大切だ。消費税増税や物価上昇、突発的な事象にも対応できるよう余裕をみておきたい。目安として、単年度の収支差である当期剰余金の１ヵ月程度が理想的であろう。

修繕積立金会計は、将来の大規模修繕のための資金として計画的に積み立てられているものであり、適切に管理する必要がある。戸数が大きいマンションでは、数億円になることもあり、どのように保管・運用するかは重要な課題である。元本割れしないというのが基本的な考え方だ。

修繕積立金会計のペイオフ対策も忘れずにしておきたい（銀行の普通預金はペイオフの対象となるため、万が一金融機関が破綻すると、１０００万円とその利息までしか保護されない）。

そのためには、次のような対策がある。

○「決済用普通預金」に変更する

決済用普通預金とは、利息は付かないが預金の全額が保護される普通預金である。

○複数の金融機関に口座開設

ひとつの金融機関で１０００万円を超える預金は保護の対象とならないため、複数の銀行などに定期預金用の口座開設をする。普通預金よりは、利息を多く受け取れる。一方で理事長の交代時には代表者変更手続きが煩雑になり、残高証明書の発行手数料などの費用負担が増す。

○「マンションすまい・る債」での運用

前述の「マンションすまい・る債」で運用する。

○共用部分の管理組合向け積立保険

管理組合の共用部分向けの保険には「積立型」と「掛け捨て型」がある。積立型の保険は、契約満了時に満期返戻金が支払われるため、掛け捨て型の損害保険から積立型の保険に変更するという方法もある。ただし、万が一保険会社が破綻した場合には元本は保証されない。

なお、本書でも事例が出てきたように、いくら管理組合でさまざまな取り組みをしても、長期滞納者がいると、見込まれるはずの収入と実際の金額に乖離が生じてしまう。

大規模マンションであれば、さほど影響しない可能性もあるが、高橋さんのマンションのように小規模で長期滞納する住戸が複数あれば、維持管理をするためのお金が足りず、管理の質を下げたり、値上げを検討することになる。それで結局、真面目に支払っている人が損をするという悪循環になりかねない。

2022年4月から始まる「管理計画認定制度」

2020年6月にマンションの管理の適正化の推進に関する法律が改正され、'22年4月から「マンション管理計画認定制度」がスタートした。

マンション管理計画認定制度とは、管理組合が自らのマンションの管理計画を作成し申請、地方公共団体がチェックして、一定の基準を満たす場合、認定を受けることができる制度である。

制度には、

- 適正に管理されたマンションとして、市場において評価される
- 区分所有者の管理への意識が高く保たれ、管理水準を維持向上しやすくなる
- 適正に管理されたマンションが存在することで、立地している地域価値の維持向上に繋がる

などが期待されており、認定されると、住宅金融支援機構の【フラット35】(新築の場合及びマンション共用部分リフォーム融資の金利の引き下げ等のインセンティブがある。

管理組合の運営、管理規約、管理組合の経理、長期修繕計画の策定および見直しなど、全

16項目＋α（αは地方自治体の独自設定項目。たとえば大阪市では耐震など）。制度普及を目的として、制度開始からしばらくは申請手数料は無料とする自治体もある。

ある意味、行政のお墨付きともいえ、今後、自分のマンションを売る場合、この認定があるかないかで、買うか買わないか判断される可能性もある。

管理組合としても地方自治体から、助言や指導などを受けられるという安心感やインセンティブが得られる可能性もある。制度趣旨をよく理解したうえで、申請するかご検討いただきたい。

管理組合の懐具合は他人ごとではない

マンション住まいの良さとして、集まって住むからこそ、共用施設が充実していたり、セキュリティが強かったりする。しかし、戸数が少ない小規模マンションだと、その費用を少ない住戸で負担しなければならない。つまり、毎月の管理費や修繕積立金が一般的なマンションより高額になりやすい。毎月の住宅ローンの返済だけでも負担なのに、そこに高額な管理費等の負担がのしかかってくる。

さらに、戸数が少ないほど修繕積立金が貯まりにくいため、高橋さんのマンションのように、大規模修繕を実施する際に大幅値上げや一時金の徴収、果ては管理組合で借り入れするはめになる。ようやく返し終わったころに、次の大規模修繕の時期が訪れて……と悪循環に陥ることもある。

幸いにして、高橋さんのマンションには、余計な設備や、いまのところ滞納住戸がなく所有者全員で話し合うという姿勢ができているのが、救いといえる。

管理組合の財政面の赤字や資金不足はもはや他人ごとではない。そのため、なるべく早い時期から適切な修繕積立金を積み立て、不足分がある場合どのように捻出するか、しっかりと対策を取っておきたい。マンションの懐具合は年齢を重ねた自分を苦しめる可能性がある、と覚えておくべきである。

おわりに　マンションを終の棲家にする時の正解とは

本書では８つの事例から、「マンションが終の棲家になるか」ということを探っていったが、ここで本書では収録できなかったいくつかの事例をご紹介したい。

高齢になりＵＲの分譲マンションから、ＵＲ賃貸マンションに引っ越した人もいる。理由はエレベーターとお金の問題。

ＵＲ分譲には、エレベーターがあっても３階ごとなど各階に停止しないタイプも多い。高齢になるとエレベーター停止階まで階段で行くのも辛くなる。

また高経年マンションの管理費・修繕積立金は将来にわたって負担額が不明瞭で生活費を圧迫しかねない。

そのため、分譲マンションは貸し出して、狭めのＵＲ賃貸を借りる。家賃収入で自身が住むＵＲ賃貸の賃料を支払う。ＵＲ賃貸であれば、賃料と共益費の負担額が明確で、もし設備の不具合などがあれば、オーナーであるＵＲに伝えれば済む。また、分譲の管理費等が上がっても、家賃収入から支払うこともできる。

言い換えると、分譲マンションに働いてもらい（不動産投資）生計を立てるわけだ。

さらに貸し出した分譲マンションにとっても、賃借人とはいえ若い世帯が入ってくることでコミュニティが活性化する。分譲の広い部屋から小さめの部屋に引っ越す際に多くなりすぎた荷物の整理もできる。

また奇しくも、本書の執筆中に実家マンションの買い替え問題が起こった。私の親は現在70代だが、１度目は事例７のように親が60代の時に新築タワマンを購入し、でも自分たちにはあわないからと、すぐにもともと住んでいた駅近の築古リノベマンションに出戻り、今度こそはと再検討をはじめた。

親からの希望は、できるだけ駅近で、スーパーマーケットなど生活利便施設があり、生活音があまりしない気密性が高い部屋がいい、ということだった。

それは、いま住んでいるマンションが、駅には近く便利だが、一方で近くにスーパーマーケットがなく買い物が不便、さらに直床で生活音が気になるのと寒いからだという。

そして検討の結果、買い替えたのは、最寄り駅徒歩２分、３ＬＤＫで60㎡の新築マンション。徒歩５分圏内にスーパーが５店あり、二重天井・二重床の内廊下と、音がしにくく気密性も高い部屋だ。

人口減少、１世帯当たりの人数が減少している現代において、税制の控除も使え広すぎずファミリーでもギリギリ住める広さが「60㎡」である。間取りはワイドスパンで、ふだんはスライドドアを開けておけば大きなリビングの2LDKにもなる。可変性も高い。

当初は、立地の良い築古のリノベ済みマンションを探していたが、価格高騰と購入希望者の競争率の高さから決めかねていたところ、たまたま見に行ったモデルルームの担当者が、正直に将来性や資産価値を説明しており、ライフステージが変わってもこの物件ならスムーズに買い替えできる可能性があるというのが決め手となった。

購入はゴールのように思いがちだが、購入の際は、買い替えや相続など、出口を意識して購入するのがおすすめである。

また親からの要望にはなかったが、最寄り駅にバス会社が複数社乗り入れていたのも決め手であった。年老いてもシルバーパスを使って交通費を気にせず好きなところに気軽に出かけて欲しいという私なりの配慮である。

ただし、価格を抑えるため、低層階で以前より都心から離れた場所と、階数や立地については妥協している。理想どおりの完璧な住まいはない。買い替えや住み替えをするなら、自分たちで終の棲家に求める条件を3つ程度に絞るのがおすすめである。

購入すれば、完済すれば、終わりではない。長生きできたぶん、住宅すごろくではもう1回、はたまた新たなすごろくのふりだしに戻る必要がでてくる。

自分が満足のいく家を手に入れることは幸せへの近道。ライフスタイルやライフステージが変われば、家もどんどん住み替えたり買い替えたりしたらいい。

自分の人生の5年先、10年先、そして常にマンションをミクロ（管理状況）とマクロ（資産価値）の視点で見据えて、出口を意識しておくべき。そうしないと住宅が人生の足を引っ張ることになってしまう。

資産価値が高ければ、選択肢は広がる。客観的に資産価値があるかないかを調べるなら、一括査定サイトなどを利用するのも手である。資産価値があるなら、所有し続けるのもありだ。資産価値がなく、住まないなら一日も早く手離すのが正解である。

幸いにして、いまはメルカリ、ネットオークションなど、中古に抵抗がない時代に突入し、築古マンションが高値で売却できる時期。実際に中古マンションは新築マンションよりいま売れている。

住まいほど人生に密着したものはない。どんな人の人生にも、その中心には家がある。家が理想的な状態であれば、心の拠り所として安心して外に行くこともできる。住まいは人生の拠点であり、幸せの象徴なのだと思う。

人生の終焉に向けて、一人でも多くの人が理想とする住まい、納得する住まいに出会い、よりよい人生を歩まれることを願ってやみません。転ばぬ先の杖として本書をどうぞご活用ください。

最後に、今回の企画・編集をご担当いただいた講談社の田中浩史様、また出版のご縁を繋いでいただいた田嶋裕太様に心より感謝いたします。

2022年3月吉日

日下部理絵

日下部理絵

マンショントレンド評論家。第1回マンション管理士・管理業務主任者試験に合格。管理会社勤務を経て、「オフィス・日下部」を設立。管理組合の相談や顧問業務、数多くの調査から既存マンションの実態に精通するとともに、穴場の街ランキングや新築マンション情報などのマンショントレンドでも見識が深い。さらにマンション管理員を中心とした10000人以上のシニア層を再就職へ導くなど、高齢者の住まいと働き方にも豊富な知識を持つ。ヤフーニュースへの住宅記事掲載は300回以上。テレビ・ラジオなどのメディア、講演会・セミナーでも活躍中。最近ではテレビ朝日系列、松本潤主演ドラマ「となりのチカラ」のマンション分野の監修を務める。著書に『マイホームは価値ある中古マンションを買いなさい！』（ダイヤモンド社）、『「負動産」マンションを「富動産」に変えるプロ技』（小学館）、『すみません、2DK ってなんですか？』（サンマーク出版、共著）ほか多数。

講談社＋α新書 849-1 C

60歳からのマンション学

日下部理絵

2022年4月18日第1刷発行

発行者――― 鈴木章一

発行所――― 株式会社 講談社
東京都文京区音羽2-12-21 〒112-8001
電話 編集(03)5395-3522
販売(03)5395-4415
業務(03)5395-3615

デザイン――― 鈴木成一デザイン室

カバー印刷――― 共同印刷株式会社

印刷――― 株式会社新藤慶昌堂

製本――― 株式会社国宝社

KODANSHA

定価はカバーに表示してあります。

落丁本・乱丁本は購入書店名を明記のうえ、小社業務あてにお送りください。

送料は小社負担にてお取り替えします。

なお、この本の内容についてのお問い合わせは第一事業局企画部「＋α新書」あてにお願いいたします。

Printed in Japan
ISBN978-4-06-528212-0